苦手さのある子と 一緒 に考える支援

本人参加型ケース会議の始め方

冢田三枝子 編著
大山美香・伊東邦将・松元ゆき 著

明治図書

はじめに

　子どもたちには，一人一人の成長の仕方があり，理解の仕方もそれぞれ違います。一人一人の成長の仕方は違っても，集団の中で成長します。集団の中で生活をすることで，似たような考え方や違う考え方に気づきながら，物事の善し悪しを身につけたり，人とのつきあい方を学んだりしていきます。その過程の中にはたくさんの葛藤があり，自分自身と向き合う必要が出てきます。特に小学校時代は，大人の力を借りながら葛藤を乗り越えていきます。

　例えば，ギャングエイジといわれる中学年頃の子どもたちは，休み時間にドッジボールを楽しみ，そして，勝敗やルールについて全力をかけて揉めることがよくあります。揉めごとが大きくなれば，教員が間に入り，両者の言い分を確認し，次からはどうするのかなどという話をする時間を設けることも珍しくないことです。

　ドッジボールをはじめ子ども同士の様々な揉めごとの対応として，怒っていること，困っていること，嫌だったことなど気持ちや言い分を聞き，その解決策や支援策を一緒に考えていきます。しかし，障害のある子どもにとっての気持ちや言い分，その解決策や支援策については，一緒に考えてきたでしょうか。「私たちのことを私たち抜きに決めないで」という合言葉を掲げ，「障害者権利条約」が2006年に国連で採択されてから20年近くがたちます。文部科学省による令和4年の「通常の学級に在籍する特別な教育的支援を必要とする児童生徒に関する調査結果」によれば，小中学校における特別な教育的支援を必要とする児童生徒は8.8％でした。平成14年の調査では，6.3％という結果でした。

　障害や診断の有無にかかわらず，支援を必要とする子どもは増加しており，その子どもたちには支援を受ける権利があります。それは，大人が考え一方的に与えられる支援ではなく，本人が必要としている支援で

なければなりません。

　子どもに関わる大人たちは，子どもの安心・安全・よりよい成長を願って，よかれと思うことを実践しています。子どもに近い存在ほど，子どものことをよく知っている，よくわかっていると考え，子どもの代弁者となっていくのです。

　人は，同じ言葉を聞いても同じように解釈しているとは限りません。よかれと思うことも人それぞれです。それは，子どもも同じです。大人がよいと考えた支援は，子どもにとってよいこと・うれしいことなのでしょうか。

　本書を手に取っていただいたみなさんは，きっと子どもの支援を考えようとしている方だと思います。これまでにも，いろいろな支援を考えてきた方が多いと思います。みなさんは，自分の考えた支援策が適切であったかどうかをどうやって振り返っているのでしょうか。子どもの変容を見つつ，支援の PDCA サイクルをつくっているのではないでしょうか。ぜひ，その PDCA サイクルの中に，子ども本人を登場させてほしいと思います。「子どもの思いを聞き，子どもとともに支援を考える。子どもが自分から支援を減らし，次のステップへと移行する。」それを実現するための最初のステップとして「本人参加型ケース会議」があると思います。実践事例の子どもたちの変容から「本人参加型ケース会議」の効果を実感していただき，一緒に実践していただければ幸いです。

編著者　家田　三枝子

もくじ

はじめに　002

第1章
発達障害のある子どもへの効果的な支援

1　本人参加型ケース会議とは？ 010

2　本人参加型ケース会議の意義 012

3　本人にとっての意義①力をつける 014

4　本人にとっての意義②再発見する 016

5　教員にとっての意義 018

6　保護者にとっての意義 020

7　学校組織にとっての意義 022

第2章
「本人参加型ケース会議」の始め方

基本の流れ

STEP **1**　始める前に目的とディレクターを決める 026

STEP **2**　子どもの今をつかむ 030

STEP **3**　相談の場を設定する 034

STEP 4	事実を整理する	038
STEP 5	自分ものさしを一緒につくる	042
STEP 6	本人参加型ケース会議に向けてアプローチする	046
STEP 7	自己決定を支える作戦会議をつくる	050
STEP 8	保護者や学校へアプローチする	054
STEP 9	ケース会議の実際①現在の自分を確認する	058
STEP 10	ケース会議の実際②実現に向けたプランを考える	062
STEP 11	自分のためのまなびプランを作成する	066
STEP 12	行動変容に伴い卒業する	070

こんなときどうする？

Q 1	担任の先生には来てほしくないと子どもが言ったら？	074
Q 2	本人参加型ケース会議は誰が子どもにもちかけるとよい？	076
Q 3	高学年と低学年で本人参加型ケース会議に違いはある？	078
Q 4	通級を使っていない子どもにも活用できる？	080
Q 5	言語化が難しい子どもにはどう参加してもらう？	082
Q 6	学校内だけではなく，連携する他機関にも入ってもらう？	084
Q 7	児童支援専任がいなくても開催はできる？	086

Q 8 本人参加型ケース会議を行うのに
適した時間や場所は？ 088

Q 9 本人参加を本人が望んでいるか，
気持ちはどう確認する？ 090

Q10 「問題解決型ケース会議」と
「本人参加型ケース会議」の違いは？ 092

Q11 本人参加を始めるにあたり，
管理職の理解をどう得る？ 094

Q12 本人参加型ケース会議のために
事前打ち合わせしておくべき内容は？ 096

Q13 本人参加型ケース会議は継続した方がよい？
終了した方がよい？ 098

Q14 不登校の子どもにも活用できる？ 100

第3章
「本人参加型ケース会議」実践例

子どもが変わる

1 感情の起伏が激しいAさん 104

2 集団行動が難しいBさん 112

3 教室で静かに困っているCさん 120

保護者が変わる

4 幼少期から支援を受けてきたＤさん ………………………… 128

周囲が変わる

5 強い不安を言語化することが難しいＥさん ……………… 136

支援者が変わる

6 エスケープ，他害行為に走るＦさん ……………………… 144

COLUMN

「適応困難な子どもの個性を伸ばす教育事業（コラボ教室）」
は楽しかった！ ………………………………………………… 152

おわりに　157

第 **1** 章

発達障害のある子どもへの
効果的な支援

本人参加型ケース会議とは？

（冢田三枝子）

　生徒指導（主に不登校支援）で「本人参加型会議」というキーワードが出てきます。発達障害の子どもが不登校になる割合は，統計的に明確な数値としては示されていませんが，かなり高い割合ではないかと予想できます。発達障害の子どもたちの学び方や考え方に応じた柔軟な取組が現在の学校の仕組みでは難しいのではないでしょうか。子どもたちが学校を楽しめないという現状を考えれば，本人に自己選択をさせていく不登校支援の会議の方法は発達障害の子どもたちにも合うと考えました。横浜市でも以前は不登校への支援は特殊教育を担うセンターの中で行われていました。

本人参加型ケース会議

　「本人参加型ケース会議」というと堅苦しい感じがしますが，子どもと一緒に子どもの未来を考える作戦会議だと考えてください。作戦を立てるためには，いろいろな人が参加して，それぞれの意見が出されます。相手の意見を否定しないこと，子どもを責めないこと，子どもの気持ちに寄り添うことといった簡単なルールを踏まえて，建設的な時間を共有します。もちろん，作戦を立てるのですから，目指すゴールがあります。ゴールに向けて，子ども自身の考えを取り入れながら支援策を考えます。難しく考えればスタートは遠のいていきます。短時間でもよいので，みんなで子どもの声を聞く時間をつくってみてはどうでしょうか。

参加者

本人と関係者計4～5人程度。関係者とは，保護者・担任・特別支援教育コーディネーター・養護教諭・通級担当者・管理職等になります。本人が納得しているメンバーであることが大事です。

 ## 注意点

・保護者や本人の同意があること
・時間や設定に見通しがもてること

第1章では，本人や保護者，教員や学校組織にとっての本人参加型ケース会議の意義を伝えていきたいと思います。

第1章　発達障害のある子どもへの効果的な支援　　011

本人参加型ケース会議の意義

(冢田三枝子)

　「本人参加型ケース会議」とは，自分の支援策を考えるケース会議に，自分自身が参加するものです。そこでは，「できないこと」よりも「できていること」あるいは「得意なこと」に注目し，その力を生かしていこうとする参加者の意識があります。そして，本人が求めている支援策についての検討が行われます。少しずつ自己理解が進み，自己実現できるための会議です。
　この会議のポイントは，「自分を知る」ということです。

「自分を知る」こととこれからの教育

　21世紀型スキルの主な4つの項目と教育の場面，そこに関わる「自分を知る」ことの関係について考えてみました。

①思考スキル

　「学び方の学習」があります。自分を知るということは，自分に合った学び方がわかるということです。今では，周知のことになってきましたが，「漢字を10回書いて覚える」という方略が合わない子どももいます。自分に合った方略を知り，それが活用できるように学び進められることが求められています。

②マイチョイス

　ここでは，他者とともに協力し合えるスキルが求められています。どのよ

うなコミュニケーションの取り方であれば，自分に負担にならずに，自分を発揮することにつながるのかを身につけることが大事です。小さい頃からのグループワークや発表の場を活用し，話すときにはスライド等視覚的な手がかりを活用すると伝えやすいとか，口頭よりもメールなどのツールを利用すると誤解が生じないとか，自分に合った方法を獲得することが望まれます。

③情報リテラシー

21世紀型スキルで挙げられている情報リテラシーは，これからの社会の中でとても重要になります。情報を正しく使いこなす力は，小さな頃から養われます。1人1台のタブレットやスマートフォンが当たり前になるとともに，LINEやメールが正しく使われなかったために，いじめが深刻化する事例も出てきました。自分自身の情報リテラシーはどの程度であるのか振り返る意識をもつ子どもを育てられるように，教員のリスキリングも必要ではないでしょうか。

④価値観の変容

これからの社会生活は，大きく変わっていきます。価値観も変わっていきます。変化が大きな世界へ適応するために，自分をしっかりと保たねばなりません。人と合わせることだけを重視するのではなく，自分がどうあるべきかを考えられるように，学校生活を通して自己理解・自己判断をする機会を意図的に用意できたらと考えます。

 ## 自ら考える

校長として子どもたちや保護者と関わった経験から，これまでに得た知識や技能を活用し，応用し，批判的な思考を働かせ柔軟に考えながら問題解決していくことが必要だと思いました。学校現場から，子どもたちが自ら考える力を育てるきっかけを意図的につくっていきたいものです。

3 本人にとっての意義①力をつける

(冢田三枝子)

　以前，企業の方から，「仕事は覚えていけばよい。相談のできる人材が欲しい」という話を伺いました。すべての企業が同様に考えているかどうかはわかりませんが，「報連相」という言葉があるように，「報告」「連絡」「相談」ができるというのは重要なことだと思います。就職したからといって，すぐに「報連相」ができるようになるわけではありません。特に，事実を伝える「報告」「連絡」と違って，「相談」は自分の困っていることを話すわけですから，自分と向き合い自己開示をする必要が出てきます。「相談」がうまくできるためには，いくつかのステップが必要ですし，小さい頃からの積み重ねが必要です。

 相談する力

　本人参加型ケース会議は「相談力」を培うために，どのような役割をしているのでしょうか。4つの点から考えたいと思います。

①気づく

　自分が困っている状況に置かれていること自体に気づいていない子どもがいます。マイルールの中で自分では大丈夫と思っている場合もあり，本来の自分のよさや力を発揮する経験が減ってしまいます。本人参加型ケース会議を通し，自分の苦手とすること，困っている状況などを他者からアドバイスされることで，自分への気づきが出てきます。

②伝え方

「今，自分は困っている。この状況を何とかしたい」と考えていても，その伝え方がわからない子どももいます。自分の悩みや困りごとを言葉にするのは勇気がいることです。集団生活の中でうまくいかない経験をしている子どもにとって，悩みなんてない，困ってなんていないという姿で自分を守ろうとしているケースもよく見かけます。本人参加型ケース会議の中で，伝え方のモデルを示すだけでなく，それを活用できるように参加者がサポートする体制づくりができます。

③相談相手

自分の困っていることにも気づいたし，伝え方もわかってきたが，誰に伝えてよいかがわからない子どもたちもいます。親だから担任だから相談相手になるとは限りません。誰にだったら話しやすいのか，自分自身が気づくきっかけを本人参加型ケース会議では提供できます。

④よかった経験

「相談したら気分がすっきりした」「問題だと思っていたことが解決した」といった「よかった経験」をたくさん感じられるのも本人参加型ケース会議のメリットです。しかし，集団生活の中では，せっかく相手を選び，やっとの思いで伝えたのにもかかわらず，「そんなことで悩んでいるんだ」「自分で考えてごらん」などと，相手の言葉で傷つき心折れてしまうケースもあります。相手の反応はコントロールできませんから，相談がうまくいかなかったときの対応策を伝えられるのも，大きなメリットになります。

未来を切り開くのは自分自身です。そのためには，他者に援助要請をすること，つまり困っていることだけでなく，今後，困るだろうと思われることについてあらかじめ伝えていくことが求められています。本人参加型ケース会議は，その力をつけていける場だと考えます。

第１章　発達障害のある子どもへの効果的な支援　015

本人にとっての意義②再発見する

（冢田三枝子）

　小学校情緒障害通級指導教室を利用していた児童の追跡調査に関わったことがありました。「自分を好きか」という問いに対して、「自分を好きになるためには何か１ついいところがあるといい。人から認められるもの，アピールできるものがほしい」という回答がありました。また，「周りから頼りにされた経験や実感がある」と思う根拠として「生徒会」「部長」「副部長」といった役割があったことについて述べていました。「先生からほめられた」ということが拠り所になっていたケースもありました。これは一例にすぎませんが，自分を理解するのに，他者からの評価が大きな影響を与えていることが感じられます。

 再発見

　本人参加型ケース会議では，他者からの具体的な価値づけが行われます。曖昧な表現がわかりにくい子どもにとって，関係の深い他者と構造化された空間の中で紡がれる「具体的な言葉」は，自分を再発見する大事な時間となります。では，どんな再発見があるのでしょう。

①自分のよさを確認できる

　本人参加型ケース会議の流れの中に，「よいところを話す」時間があります。よいところとは，本人も自覚しているような得意なことだけではなく，それが与える影響も含まれます。もちろん，中心となるのは日常生活での小

さな出来事です。例えば、「絵を描くのが得意」→「それでカードを作ったら、みんなが喜んでいた」「カードを作る紙を無駄にしなかった」などです。自信のない子どもにとっては、自覚していないことを取り上げてもらったり、当たり前のことを当たり前にできる自分を認めてもらったりすることで、新たな自分の価値を見出していきます。

②価値観の変容

　世の中には、「当たり前」のことがたくさんあります。しかしながら、「ゴミはゴミ箱へ捨てる」という当たり前のことができていない人がたくさんいます。「悪口はダメ」と知っているけれど、「悪口は蜜の味」と集まってくる人たちがいます。小さな当たり前のことに、しっかりと価値をつけていくことが大人の仕事だと思います。「これは、大切なことなんだ」「当たり前は難しいんだ」と子どもが学べたら、そこから子どもの見える世界は変わってきます。

③他者への新しい視点

　自分を認めてもらうことは、自分に自信をもつことにつながります。自信をもつと心に余裕が生まれます。「Aさんのことは、絶対許さない」と言っていた子どもが、本人参加型ケース会議の中で、「Aさんのことで困っている」と話し、自分の当たり前からAさんの当たり前を考えるようになります。「絶対許さない」から「今週は許さない」などと変わっていく子どもをさらに価値づけてあげたいものです。

　本人参加型ケース会議において具体的な評価が繰り返されることにより、子どもは自分を見守っている人が存在することがわかります。人との信頼関係の再発見は、子どもの力をさらに発揮させていくと思います。

第１章　発達障害のある子どもへの効果的な支援　017

教員にとっての意義

(冢田三枝子)

　文部科学省のホームページには,「教師の仕事の価値・やりがいに関する情報」として,各自治体からのコンテンツを集めたページがあります。そこで,文部科学省は,「教師は学校教育の要であり,子供たちに寄り添いながらその成長を実感することのできる,他では得がたい経験のできる魅力的な職業です。」と記しています。ブラック企業だとか多忙化だとかいわれているものの,「教師」の魅力を私もずっと感じて働いてきました。人間と人間が切磋琢磨する場であり,腹の立つことも正直あります。しかし,子どもたちとつくり上げていく授業や学級は,それを打ち消しても余りあるほど楽しいものです。時代とともに,授業スタイルや学校に求められるもの等は違ってきています。大きく変わったものの1つに,「特別支援教育」が挙げられます。従前の「特殊教育」から,すべての学校で全教員が取り組むことが求められるようになったことで,特別支援教育に関する研修も増えましたし,教員の子どもを見取る力も育ってきたと感じています。

 通常の学級の気になる子ども

　令和4年の「通常の学級に在籍する特別な教育的支援を必要とする児童生徒に関する調査結果」によれば,小中学校において学習面又は行動面で著しい困難を示す児童生徒の割合は8.8％という結果が出ました。しかし,その約70％が「支援が必要」と判断されておらず,約75％が個別の指導計画が作成されていません。何の手立てもない子どもたちは,ますます著しい困難を

示していくのではないでしょうか。そして，その子どもたちと関わる担任は，イライラしたり，あるいは無力感にさいなまれたりしながら疲弊していくのではないでしょうか。それを解決するためにも，本人参加型ケース会議は有効であると考えます。

校内での情報共有

　職員会議等全体が集まる場を活用して，気になる子どもや事案について，情報を共有する学校が多いと思います。その中で「5年生の○○さんの本人参加型ケース会議では…」といった報告があれば，そういう取組ができることを知るだけでなく，1人で抱え込まなくてもいいのだという安心感につながります。また，自分にできそうなことを考えるきっかけともなります。

個別の指導計画

　「個別の指導計画を作成する」というと，まず負担を感じてしまう教員も多いと思います。しかし，子どもが困っていること，手助けをしてほしいことを担任が聞き取り，その内容を文字化したものを個別の指導計画として活用していけば，非常に効率的で効果的ではないかと考えます。担任と一緒に話す機会が本人参加型ケース会議のスタートになり，継続的に取り組むことで個別の指導計画のPDCAにつながります。難しく考えず，できるところからチャレンジしたことが子どもの成長につながったと実感できることは，教員自身の成長ともなります。

【参考URL】
- 文部科学省「教師の仕事の価値・やりがいに関する情報」
  https://www.mext.go.jp/a_menu/shotou/sougoushien/kyoushi.html

6 保護者にとっての意義

(冢田三枝子)

　発達障害に関する本やテレビ番組などが増えてきました。発達障害の特徴や困っていることなどを中心に理解を進めよう，適切な対応をしようという意図が伝わってくる内容が多いです。しかし，情報が多いことで，「育てにくい」が，「自閉症ではないだろうか」「ADHDでは？」といった保護者の不安を掻き立てることもあります。区役所での健診や幼稚園・保育所からのアドバイスを受けて，療育センターにつながるケースもありますが，不安だけを抱えて子育てをしている人も少なくありません。

療育センター（児童発達支援センター）等での保護者支援

　診断の有無にかかわらず，就学前に地域療育センター等につながり，保護者が悩みを聞いてもらえる場をもっていたかどうかは，保護者の子育てに影響を与えます。例えば，横浜市の療育センターでは，診察までの待機期間にも専門家による面談やひろば事業（小集団活動）など初期支援に取り組んでいます。それらを利用することにより，保護者の気持ちが軽くなったり，子どものペースを大事にしていこうとする思いが広がったりすると伺いました。子育ての悩みは次々と出てきますが，1人で悩まなくてもよいという経験は宝物だと思います。小学校入学後，本人参加型ケース会議は「1人で悩まなくてもよい」という場になるのではないかと考えます。

「本人参加型ケース会議」における保護者支援

①子どもの理解
　子どもの成長を願えば願うほど、「こうなってほしい」と思い描くほど、それとは違ったところに目が行き、「○○ができていない」と落ち込んでしまいます。いつも一緒にいると、日々の成長は見えにくいものです。1年前の写真を見れば、「1年前は△△で困っていたけれど、それはクリアできたなぁ」などと振り返ることもできますが、それも自分の見方が中心です。ところが、本人参加型ケース会議においては、参加者が子どものよい点や強みを伝えていきます。子どもに向けての発信ですが、それは保護者にとっての新たな気づきにもなります。家庭では見えない集団生活の中の姿を聞くことは子どもの理解を深めることになり、認めることや共通の話題が増えることにつながります。

②子育ての振り返り
　子どものよさを言語化してもらうことは、保護者にとって新たな気づきになるとともに、自分の子育てに対する評価ともなります。頑張ってきた自分に気づいたり、自分を認めたりする大事な時間です。また、会議という落ち着いた場で子どもと話をすることは、お互いが感情的にならずに大事なことに焦点化していくことができます。言い換えれば、自分の思いを子どもに伝えるチャンスでもあります。

③協力者の存在
　学校側とともに（時には他機関とともに）子どもを真ん中にして話をすることは、みんなで子どもの成長を応援していくことです。家族以外に子育ての協力者がいるということは、視野が広がります。保護者の負担感は子どもの負担感にもなります。会議という堅苦しいイメージを払拭し、保護者が安心して子育てができるという思いをもつ場になってほしいと思います。

学校組織にとっての意義

(家田三枝子)

　どのような分野においても，はじめから専門家は存在するわけではありません。また，たくさんの知識を学んできても，そこに実践が伴わなければ専門家としての発言や対応はできないと思っています。先にも述べましたが，特別支援教育は「すべての学校ですべての教員が取り組むもの」です。支援の必要な子どもたちが増える中，すべての教員が専門家になれるほど，日々実践に取り組んでいます。しかしながら，それが正しいのか，もっと違う方法はないのかなど，悩んでいるのが実情であり，理論的な知識や自分の対応への価値づけ，方向の見直しなどのアドバイスを求めているのではないでしょうか。

　本人参加型ケース会議は，教員同士が学び合う場の１つともなります。その取組は学校組織に安心感を与えるものでもあります。

教員同士の対話

　新型コロナ感染症の影響から，職員室で会議をせずにオンライン会議にするなど各学校でICT化が進んだり，自分の教室で作業に取り組んだりする教員が増えました。教員同士の直接のやりとりが減少している感が否めません。特に，若い世代では，自分の所属する学年の先生方としか関わっていないこともあるといった話を聞きました。学年で話し合う機会では，学習内容や行事のことが中心になりがちです。気になる子どものことが話題となっても，なかなか対応策までに深まらないといったことも聞きました。教員は子ども

を育てる仕事です。「知識・技能」「思考・判断・表現力」等を身につけさせるためにも，子どものことを知らなければなりません。本人参加型ケース会議を開く準備は，教員同士が意図的に対話をするチャンスでもあります。

 ## 学んだことを実践し，組織力を上げる

　横浜市の通級指導教室では，「協働型巡回指導」に取り組み始めました。定期的な巡回指導は，在籍学級にいる子どもの様子を知り，在籍校の先生方と指導・支援の方法や環境調整についての話ができること等，多くのメリットがあります。
　通級担当者が専門性を高めることにより，担任や特別支援教育コーディネーターへより適切なアドバイスができます。本人参加型ケース会議にともに参加することで，在籍校以外の視点からの話ができます。通級担当者から得たことを担任や特別支援教育コーディネーターが他児の指導・支援に生かせるようになると，学校組織としての対応力が上がります。そのような循環ができあがることを期待しています。

　最後になりますが，相談をすることが負担になる子どもや保護者がいます。支援者側がよかれと思い正攻法でいっても効果の出ないこともたくさんあります。大事なのは，子ども本人の思いです。急に好転することを期待せず，焦らずに少しずつの積み重ねを大切にしてほしいと思います。また，教員自身が相談するスキルの向上と相談できるネットワークを広げる努力を忘れずにいてほしいと願います。１人の教員の努力は，学校組織の力につながり，子どもの成長に影響するのですから。

第 2 章

「本人参加型ケース会議」
の始め方

基本の流れ

始める前に目的とディレクターを決める

(大山　美香)

　私は，通常の学級の担任，特別支援学級担任，通級担当者，特別支援教育コーディネーター，児童支援専任教諭などの様々な立場を経験しました。それぞれの立場で多くの子どもたちと接するうちに，特別支援教育が本人を主軸として考えられたものかと不安になることがありました。発達凸凹，帰国子女，不登校等様々な背景から言語化できない，わかってもらえないと思う子どもたちがたくさん在籍していたのです。

　子どもたちを主軸として考えるためには，まず中心になる存在「ディレクター」が必要になります。

 ## ディレクター

　「ディレクター」は周囲との調整ができる応援団長であり，子どもにとって，この人なら話せるというキーパーソンになります。ディレクターは，子どもと向き合い，子どもと同じ目線で物事を把握しようと努力する人，子どもの本音を真剣に捉えようとする人，子どもの環境にアンテナを張りめぐらせる人，子どもにとっての居心地のよさと折り合いを考えられる人であれば，通級担当者や在籍学級担任でなくても構いません。子どもが「本人参加型ケース会議を開いてみたい」と自己決定できるように情報を提供し，会議を引っ張っていく役割を担います。

　混沌とした中にいる子どもに働きかけ，子ども自身が自分の変化を実感できるように伝えていくことが大事になります。

目的

　ディレクターは，本人参加型ケース会議を進める上で，目的意識をしっかりともつことが大事です。私が，常に子どもや支援者に伝えてきた目的〜人生サバイバルを生き抜き大きく羽ばたける3つの力の育成〜について，子どもたちに伝えてきた言葉を交えながら紹介します。

①自己理解＝自分を知る

　自分の好きなこと，強み，苦手なことを見つけます。「ゲームが好きなんだ」ではなく，「テトリスっぽいのが好き。なぜかというとパッと見て，どこを攻撃すれば早く次のステージにいけるかわかるから」と好きな理由を発見できるといいと思います。同様に苦手なことも「国語が苦手だよ」ではなく，「特にノートに書くこと。作文は難しいし，言葉もたくさん知らないから，いろいろ考えるのが嫌なんだ」と気づくことが大事です。自分なりの理由を言葉にできることが，自分自身を再発見したり，気づきを深めたりすることにつながります。

　自己理解とは自分を知ることです。

> 「自分自身の好き，強み，苦手を知ることはとても素敵なことだよ。好きなことは，いつまでも取り組むことができるし，苦手なことに取り組むときのご褒美にもなるよね」

　自分のことを知り，より深めれば，好きなことや強みを伸ばす方法を探せることにもなります。その中で，苦手なことが出てくれば，代わりの方法を探したり，苦手さを減らす方法を見つけたりすることもできるのです。

②自分ものさし（判断／行動）とお互い様（ちょっと我慢）

　幼稚園や保育所を利用していなかった子どもにとっては，小学校は家族以

外のはじめての社会であり集団生活になります。家族は，言葉にしなくても互いの気持ちがわかり，安心して過ごせる多くの時間を共有しています。しかし，小学校，中学校と学年が上がり，多くの人と関わるにつれ，自分で考え，決めて，行動する場面が増えます。その場に流されるのは楽ですが，立ち止まり，「自分ものさし」をもって考えることが求められます。「自分ものさし」とは，自分の頭で考え判断する，考えを具体的な場面で実行することです。「自分ものさし」は，成長する過程でアップデートしていきます。「自分ものさし」は自分だけのものです。

> 「自分で決めて，動いてみよう。その中で，周りをじっくり見てみましょう。あの子はこんな考えをもっているんだ。ここは譲ってもいいかも！　受け止めたり，ちょっと我慢したり，お互い様と思えたら素敵だね」

　世界に1つだけの自分ものさしを大事にし，変化させながら磨いていけると，よいことが集まってくる気がします。

③ Try&Error を恐れない

　人の意見を聞かないフロイトも，新しすぎたピカソも，調子に乗っていた野口英世も間違えや失敗を繰り返していました。しかし，それをチャンスに変えてきました。チャレンジと失敗から，自分なりの解決法を導き出していくのだと思います。きっと，それは人生の教訓になるはずです。

> 「はじめてのこと，経験のないことは怖いもの。一歩踏み出すことはドキドキしますね。でも，大丈夫。誰でもはじめてのこと，チャレンジ1年生を過ごしてきています。間違えて失敗してもそれがチャンスです。一人一人素晴らしい力をもっています。そのときに考えて，今の自分にできることを探していきま

しょう。きっと近くに助けてくれる人がいますよ」

　この章で紹介するSTEPはあくまで基本の形です。これまで出会ってきた子どもたちは，順番通りではなく，同時並行やスキップ，それぞれオーダーメイドで「本人参加型ケース会議」を進めてきました。ディレクターとして，「あなたにとってよい方法を，一緒に考えていくよ」とメッセージを送り続けながら，子ども自身の居心地のよい環境づくりに取り組むための一助となったら幸いです。

「自己理解を促す指導・支援に必要な3つの要素」

① 「自分ものさし」〜判断⇒選択→決定〜
社会で生きていく上で，自分が必要としているものについて考えることができ，

② 「キーパーソン」〜この人なら話せる！〜
と信頼できる他者に**相談**し，

③ 「人生の教訓」〜自分なりの解決法〜
問題を解決することができる。

【参考文献】
・大野正人著『失敗図鑑　すごい人ほどダメだった！』(文響社)

基本の流れ

こんなときどうする？

第2章　「本人参加型ケース会議」の始め方　　029

基本の流れ

STEP 2

子どもの今をつかむ

（大山　美香）

　「あの人の前では言えないけど，この人なら話してもいいかな？」「こんな時間，あの場所だったら言えるかも」と相手との信頼関係の深まりとともに会話から対話，対話からの真剣な相談になっていきます。本人参加型ケース会議を行うことが子ども自身にとって有効と考えられたとき，支援者は密かに策を練り始めます。そのスタートは，より丁寧な実態把握です。

　子ども，支援者，２つの視点から実態把握のためのアプローチ方法を紹介します。

子どもアプローチ　「強みアンケート」

　強みアンケートは，主に自分の好きなことを書き出していきます。自分には好きなものがあること，自分自身の好きなところなどを確認していくことで，気持ちがポジティブになっていきます。支援者にとっても，本人のコンディションを考えるときに有効な材料となります。好きではないことや苦手な部分とトラブルがつながっていることも十分に考えられます。「今日は調子が悪いんだな？」「苦手な教科だからこんな行動を取るのか？」など様々な情報から，本人の行動を見立てることができます。

　また，子どもが好きなことの情報を支援者が収集しておくことも大事です。話す中で，子どもは支援者を「先生」ではなく，好きなものの「同士」として心を開き，本音で話す可能性が出てきます。

① 好きな食べ物は・・・(　　　　　　　　　　　　　　　　　　　)
　嫌いな食べ物は・・・(　　　　　　　　　　　　　　　　　　　)
② 好きな色は・・・(　　　　　　　　　　　　　　　　　　　　　)
③ 好きな遊びは・・・(　　　　　　　　　　　　　　　　　　　　)
④ 好きなテレビは・・・(　　　　　　　　　　　　　　　　　　　)
⑤ 好きなゲームは・・・(　　　　　　　　　　　　　　　　　　　)
⑥ 好きなキャラクターは・・・(　　　　　　　　　　　　　　　　)
⑦ 好きな本、マンガ、映画は・・・(　　　　　　　　　　　　　　)
⑧ 好きな教科は・・・(　　　　　　　　　　　　　　　　　　　　)
　　そのなかで特に好きな活動は・・・(　　　　　　　　　　　　)
　嫌いな教科は・・・(　　　　　　　　　　　　　　　　　　　　)
⑨ 好きなスポーツは・・・(　　　　　　　　　　　　　　　　　　)
⑩ 好きな音楽は・・・(　　　　　　　　　　　　　　　　　　　　)
⑪ 好きな場所は・・・(　　　　　　　　　　　　　　　　　　　　)
⑫ 好きな言葉は・・・(　　　　　　　　　　　　　　　　　　　　)
⑬ 得意なことは・・・(　　　　　　　　　　　　　　　　　　　　)
　苦手なことは・・・(　　　　　　　　　　　　　　　　　　　　)
⑭ 大切にしているものは・・・(　　　　　　　　　　　　　　　　)
⑮ 熱中できることは・・・(　　　　　　　　　　　　　　　　　　)
⑯ 私は(　　　　　　　　　　　　　)をしているときの自分が好きです。
⑰ 「いいなあ」と思う生き方をしている人は(　　　　　　　　　　)。
⑱ 気持ちが落ち着くのは(　　　　　　　　　　)をしているときです。
⑲ 今後、やってみたいこと、チャレンジしてみたいことは・・・(　　　)
⑳ 将来、こうなりたいなぁという希望や夢は・・・(　　　　　　　)

資料１　強みアンケート（抜粋）

子どもアプローチ　「強み」

　子どもの周囲には，たくさんの情報やモノが溢れています。プログラミングやゲーム，イラストに折り紙，電車に生き物，博士と呼ばれる子どもがいます。しかし，いつもプラスの評価ではなく，いつまでも夢中でやめられない，毎日の宿題はやらないで叱られてばかりと学校生活や家庭生活の中でマ

イナスに捉えられることもあります。子どもたちは，得意なこと，好きなことはいつでも，どこでも，いつまでも取り組みます。そして，同じものに興味をもつ者同士が，情報を共有して楽しい時間を過ごしたり，自分の好きや得意を認めてもらえたりできると，パワーがわいてきます。そんな強みをまず，ディレクターは知る必要があります。記入してもらったり，対話をしたり，時には一緒に楽しむことも大切な時間になります。すると，手先が器用，想像力が豊か，電車駅博士，キャラクターのこの部分が好き，その子にとってのヒーローなどたくさんのことがわかってきます。「強み」は弱い部分よりも多くの場面で生かすことができます。

「強み」の一例

指の半分の折り紙鶴

バルーンアート花

黒部ダムまでイメージ旅行

支援者アプローチ「授業の様子から」

　授業観察が可能であれば、支援者は実施した方がよいです。その際には観察シートを作成します。観察シートは、支援者が記録しやすいように作りますが、①日付、②学年・組、③△時間目、④教科名、⑤担任名の記載欄、⑥座席の枠があると便利でした。

　例では、黒板（正面）、窓（左）、廊下（右）、席順等を記録しました。応用行動分析のABC分析に沿って、「きっかけ」「行動」「結果」「対応」を中心に行動を記録すると整理しやすかったです。

　当たり前のことですが、参観するときは、授業の妨げにならないように心がけることが必要です。

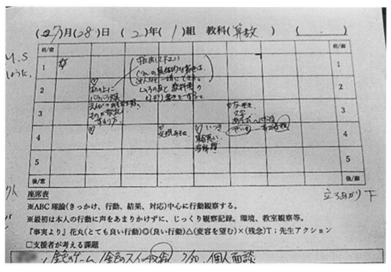

　授業観察の際、対象の子どもだけでなく、担任が気になっている子どもの様子についても観察し、支援のヒントを伝えることがよくありました。多面的な見方を伝えることは、新たな合理的配慮として捉える時間にもなり、担任との協力体制を構築するのに効果的でした。

第2章　「本人参加型ケース会議」の始め方　　033

基本の流れ

相談の場を設定する

(大山　美香)

　小学校の時期に，話す楽しさを感じたり，わかってもらえる安心感を得られたりすることは大事なことだと思います。しかし，話すことが苦手な子どもたちは，そもそも話す経験が不足していることが多く，話そうとしてもうまくいかないことを実感することがあります。家族以外の人と，友達や学校生活のことなどを話すことで，「こうだったらいいのに」「うまくいったら安心できる」と，自分の行動の振り返りとともに，次の行動への意欲になります。そのため，まずは話をする経験を重ねられるように意図的に話す時間を設定することが必要だと思います。

　担当していた通級指導教室では，低学年・中学年・高学年それぞれに，発達段階に応じた目的をもって対話の時間を設定しました。併せて，やりとりしたことをホワイトボードやメモに残していきました。話した内容を視覚的に整理でき，話したことを振り返ったり，つけ加えたりしやすくなります。

 ## 低学年「あのねタイム」～伝える楽しさを感じよう～

　1年生の国語の授業に「こんなことがあったよ」「ききたいな，ともだちのはなし」という教材があります。伝える相手の存在を意識し，伝えたい気持ちを表現することをねらいとするものです。話すきっかけをつくるために「あのねカード」を使い，質問に答える形式でたくさん話すところからスタートします。難しく考えず，見たこと・したこと・見つけたもの・聞いたこと・思ったことなどをキーワードでもよいので「伝える楽しさ」を感じてほ

しいと思っています。

C　ゲームで負けたときイライラして，自分の部屋に行くけどパパが…。
T　そうなんだ。自分の部屋で気持ちを変えるって話したけどパパは気づいている？
C　言ってないから，わからないよ。たぶん。
T　気持ちを切り替えるために部屋にいること，どうやったら気づくかなぁ？
C　看板とか？
　（その後，気持ちを切り替えていますカードを本人と作成）

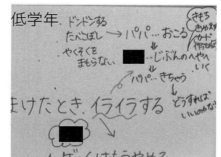

 ## 中学年「ほうれんそうタイム」〜伝えるうれしさを感じよう〜

　中学年になると，先生よりも友達の存在が大きくなってきます。友達と関わるほどにトラブルになることもあります。そんなときに，「うんうん，わかる」と聞いてもらえたら，とても安心します。相手の反応からもっと詳しく話したくなります。伝えることのうれしさを実感できると，単に話をする人が安心して話ができる人という存在になっていくのではないでしょうか。

C　最近仲良しの子と2人で遊ぶんだけど，1人まじってくるんだよ。その子が悪口言ったり，ヒーヒッヒッと逃げて煽ってきたりするのが本当に嫌。
T　それで，その後はどうするの？
C　性格上無視できないから校内追いかけっこになるんだ。ルールでダメとわかっているけど，どうしても許せない。

第2章　「本人参加型ケース会議」の始め方　　035

T　少し相手の気持ちになってみよう（イラストを描く）。相手が逃げるときどんな顔しているかな？
C　笑っているかも。
T　自分が笑うときは，どんなとき？
C　楽しいとき。あっ，相手は楽しんでいるのか。からかっているんだ。
T　きっと追いかけてくれるのを待っているから，悪口言うのかもね。悪口をやめてほしい？
C　悪口をやめてほしい。邪魔されずに仲良しの子と遊びたいから。
T　じゃあ追いかけっこをやめなきゃいけないね…。
　（その後，保護者と在籍校に伝え，担任も含め本人参加型ケース会議簡易版を行った）

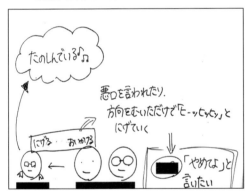
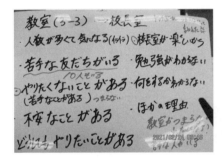

 ## 高学年「ほうれんそうタイム」〜考え方のくせがわかる〜

　高学年になると，自分の「伝えられてよかった」という思いだけではなく，対話を通して自分と相手の感じ方の違いを明らかにしたり，新たなものの見方や考え方に出合ったりします。すると，自分の考え方のくせに気がつき，「自己理解」のステップになります。

（例）

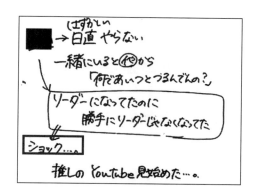

C　最近○○と仲良くない。仲良しだと思ってほしくない。マジで。
T　何かあったの？
C　みんなやりたくない日直も，あの子だけ周りが「やらなくていいよ」とか言ってやらないし，ずるいよ。なんかリーダーになっておろされてショック受けて，少しかわいそうとは思うけど。（仲良くしたいのかあやふや）
T　今日一緒に過ごしていたよね。
C　見たい推しの YouTube が同じで一緒に話すのは楽しかったけど。
T　じゃあ○○さんのこと周りがちやほやするから，いいなって気持ちもあるのかな？　本当は嫌いでもないのかな？って先生は思うけど，自分の気持ちが落ち着くまでは，距離を置いて過ごすのがいいかもね。
C　まぁ，向こうが話しかけてきたときだけ，話そうかな。
T　いいかも。
　（その後，今でもよい距離間で関係が続いている）

　振り返りを深めることで，自分自身のことがよりわかってきます。モヤモヤ不安ちゃん，イライラおこりんぼう，ドキドキあせりんぼう，など対話を通して自分の考え方のくせにオノマトペで名前をつけていくと効果的でした。

第2章　「本人参加型ケース会議」の始め方　　037

基本の流れ

事実を整理する

(大山　美香)

　子どもの周囲には，たくさんの情報があり出来事が溢れ，毎日様々な事象が起きています。そんな中でも，好きなこと，得意なことにかける情熱は人一倍です。その情熱が原因で，いろいろな場面で，トラブルにつながることも多々あります。好きなことは，「ゲーム」「イラスト」「おにごっこ」「読書」とは言えますが，続けている理由を考えることはありません。そんなに深く考える必要がなかったからです。たくさん事実を話し，整理していく過程が必要です。

好き・得意・苦手ランキング

　苦手な行動から，友達とぶつかることがあります。発達凸凹の子どもたちは消化しきれずに，うまくいかなかった出来事と感情が残り，モヤモヤとイライラが混沌としています。苦手からの行動を，いつも周囲から注意され続け話したくない，また叱られるかもと感じている子どもは，話すことに乗り気ではないかもしれません。しかし，子ども自身の好きなことに注目されると生き生きと話し出します。その気持ちや行動は，生活においてうまくいかないことが起きたときに，子ども自身の好き・得意の力を生かすことで感情や行動を変化させることができるのです。
　「好き・得意・苦手ランキング」は，好き（赤〇），得意（赤◎），苦手（青〇），普通（そのまま）とシートに色鉛筆で〇をつけて，１位から５位まで理由を記入していきます。話す中で，支援者が「どうして？　なぜ？」と

ひたすら掘り下げ記録をしていくことで，子ども自身の自分の姿が明らかになり視覚化されます。また，「好き・得意・苦手ランキング」は保護者にもやってもらうと，保護者の自己理解も図れます。

```
☆自分の中のできる（好き）・むずかしい（きらい）チェック      名前（      ）

・ゲーム              ・勉強                  ・犬
・マンガ              （算数・国語・理科・社会・     ・ねこ
・小説                図工・体育・音楽・そう合・    ・兄弟(姉妹)
・YouTube             道とく・学級会）          ・人に注意する
・野球                ・クラブ                 ・人から注意される
・サッカー             ・委員会                 ・手伝いをする
・走る                ・話を聞く                ・人とくらべる
・水泳                ・話をする                ・早起きをする
・クイズ               ・成功する                ・字を書く
・宿題                ・失敗する                ・絵をかく
・買い物               ・先生に聞く               ・時間をまもる
・ルールをまもる         ・みんなの前で発表する       ・相手に合わせる
・ルールをやぶる         ・家の手伝いをする          ・一人で行動する
・にぎやかな所          ・人にお願いをする          ・やりたいことをがまんする
・しずかな所            ・お願いをことわる          ・しずかにまつ
・知らない所            ・予定のへんこう            ・せいりせいとん
・海                  ・怒りのコントロール         ・すぐに気持ちをきりかえる
・山                  ・急な予定の変こう          ・（          ）
```

 ## コミック会話

　トラブルなどを話す中で，絵に描き，言葉，事実，そのときの気持ちを書いていくことで，客観的に出来事が整理され，そのときに自分は何をすればよかったか理解できていくのです。好きなことからスタートし，支援者と好きなことを共有し，振り返ると，苦手さについても話ができるようになります。担当者が思っている以上に自分のことを真剣に捉えていることもあります。保護者に対しての子ども自身の思いも見えてきます。本人に了解を取りながら保護者とも情報を共有する必要があるでしょう。また，子どもの捉え方，子ども自身の思いとのズレもディレクターが把握することができます。

保護者が子どものランキングを予想することで，保護者も気づくことができます。

ウェブマップや気持ちシート

話を視覚化し，本人と対話していく際に使用します。中心に話してほしい言葉を置き，探りたい裏テーマを周辺に書き入れ，つながる形で聞いていきます。困っている，うまくいっていないなどのキーワードが出て

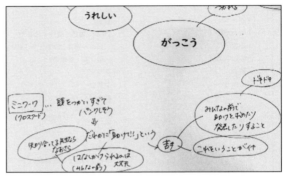

きたらチャンスです。様子を見ながら，具体的な事象を引き出し，どんなとき？　なぜ？を探ります。

様々な気持ちに気づいていない場合には，気持ちシートが有効でした。「ニコニコ」「イライラ」など，オノマトペで作った気持ちシートは受け入れやすくグループ指導でも活用できます。話をしながら色分けしたチップを動かしていくことで，客観的に自分の気持ちの変化を自覚することができ，整理にもつながりました。

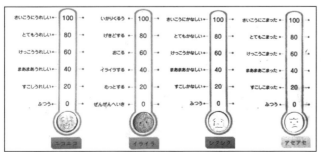

キャラ設定

　子どもが，自分自身の気持ちや行動に向き合ったときに，嫌になることがあります。大人でもそうですが，うまくいかないことは人のせいにしたいですし，事実から目を背けたいことがたくさん出てきます。自分のことを見つめるために意図的にキャラクター（以下，キャラ）を登場させる方法も効果がありました。

　まず，このキャラに出会うのは難しいことを伝え，子ども自身が自分のことを考えていこうとする気持ちや行動を価値づけします。メタ認知を経験させることで，客観的に捉えることができるのです。その後に，自分のレアキャラに，名前や性別をつけ育てていくこと，自分自身を深めていくことができ，行動も振り返り本音で話すことができると思います。今まで出会った子どもたちは，話す中で，楽しそうに付箋等を使い，名前をつけたキャラに，うまくいく行動を重ねて話をしました。

```
★自分探偵★ 年齢：不詳
              性別：不詳
              住んでいる場所：心の中

レアキャラ：
自分と向き合うことができた時、出会うことができる。
得意技：
・自分の気持ちを追いかける達人。
・どうしたら自分がHappyになれるかも考えることが
  できる。
```

【参考文献】
・tupera tupera 著『しつもんブック100』（青山出版）
・NPO フトゥーロ　LD 発達相談センターかながわ編著『SST カード教材　気持ちチップ』（かもがわ出版）

第 2 章　「本人参加型ケース会議」の始め方　　041

基本の流れ STEP 5

自分ものさしを一緒につくる

（大山　美香）

　自分のことは大人でもよくわかりません。子どもならばなおさら難しいものです。なぜなら，そのときの出来事に対する感情が溢れ出てしまうからです。しかし，自分自身にとってよいことにつながる，こんな行動をするときっといいことがあると気づくことは大切なことです。そのためには，好き嫌いだけでなく，行動の基準についても考えていくことが必要です。

 お互い様

　集団生活の中では，自分の思い通りになることばかりではありません。他者や状況との関係の中，自分の思いを変える必要が出てきます。「折り合いをつける」「調整する」という言い方もありますが，子どもにわかりやすいように「お互い様」という言い方を使ってきました。「お互い様」は，自分も相手もちょっとずつ我慢することだと説明してきました。ちょっと我慢するためには，我慢できる限界や我慢したときの気持ちの整理の仕方などを知っておくことが必要になります。

 「自分ものさし」とは

　自分ものさし（判断／行動）とは，集団生活を送る上での「お互い様」のための自分自身の価値判断を助けるものです。自分自身の苦手さを克服する自己理解につながるツールとして活用できます。

042

ここでは「自分ものさし」という言葉に統一しますが，子どもによっては，「自分スケール」「自分アンケート」など，「自分○○」という名前をつけていました。ここでも，自分で決めるということを大切にしていきました。

　ものさしには，いくつかの項目を立てます。子どもによりますが，5～10くらいの項目がよいかと思います。項目は，子どもの理解しやすい言葉でまとめました。最後の項目は，自己肯定感を高めてほしいという思いから「自分が好き」としました。

　また，項目の横には，1～10の数値や1～100％を目盛りとした数直線をつけました。視覚的に見えるようにすることは，子ども自身の気づきに有効でした。

 「自分ものさし」を一緒につくる

　子どもと関わる支援者により，つくり方は異なってきます。今回は，通級担当者として，あまり困っているようには見えない子どもと一緒につくった自分ものさしを紹介します。

　自分のことに自信がない子どもでした。支援者と一緒にランキングを深めたり，ウェブマップを続けたりすることで，自分の気持ちに気づき，課題が明らかになってきました。課題は，具体的な行動の言葉として表現されました。そこから，項目立てていきました。

　例えば，「友達とトラブることが多い」から「ルールや約束を守る」，「なかなか好きなことをやめられない」から「夢中になっていることを切り替える」，「困っているときに誰に相談していいかわからなくてイライラして物に当たっちゃう」から「いやなことは相談する」などです。一緒に話を深めながら，日常を振り返り，全8個項目をつくりました。

自分ものさし										
○ ルールや約束を守る	1	2	3	4	5	6	7	8	9	10
○ 夢中になっていることを切り替える	1	2	3	4	5	6	7	8	9	10
○ 周りの人に合わせて行動する	1	2	3	4	5	6	7	8	9	10
○ イライラした気持ちを切り替える	1	2	3	4	5	6	7	8	9	10
○ 相手の気持ちを考える	1	2	3	4	5	6	7	8	9	10
○ 自分の気持ちを言葉で言う	1	2	3	4	5	6	7	8	9	10
○ いやなことは相談する	1	2	3	4	5	6	7	8	9	10
○ 自分が好き	1	2	3	4	5	6	7	8	9	10

やってみよう

　文字に対してとても苦手さを感じていた子どもの自分ものさしを紹介します。

　進級した学級では，音読と漢字か計算の自学自習が毎日宿題になっていました。年の離れている弟は，語彙数も多く，読み書きが得意であり，家庭においても自分のできなさを日々感じていたと思います。自分ものさしづくりをするまでは，２日に一度，自学自習のノートに「５年生になったのでべんきょうをがんばりたいです」と書き続けていたことがわかりました。

　自分ものさしづくりでは，①自分の気持ちを言う　②不安なことでもやってみる　③ひらがなをかく　④カタカナをよむ　⑤カタカナをかく　などの項目を立てました。

　すると，自学自習のノートに取り組んだ時間を書く工夫が見られるようになり，始めと終わりの時間，めあての記入など学習への取組を意識する変化が表れるようになりました。

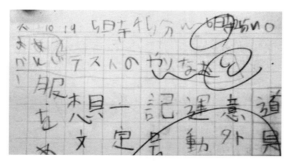

自学自習ノート

 ## 振り返り

　振り返りをしやすいように，話した内容を自分ものさしに書き入れるなどの工夫をしました。子ども自身が「できていない」と過小評価をすれば，支援者が具体的にできていることを伝えます。逆に「すごくできている」と過大評価していれば，そう思った理由を否定せずに聞きながら，「○○はどうかな？」と視点を明確にして，再度振り返りを促すこともあります。自分ものさしを通して，少しずつ変化する自分を客観的に捉えたり，数値は変わらなくても，振り返りの言葉から数値の意味合いが変化したりする子どももいました。

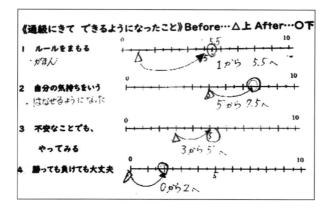

第 2 章　「本人参加型ケース会議」の始め方　　045

基本の流れ

本人参加型ケース会議に向けて アプローチする

（大山　美香）

　一緒に過ごす中で「実は…」と子どもが困っていることを話し出したら，ディレクターに心を開いてきたサインです。困っているピンチはチャンスとして捉え，「本人参加型ケース会議」の存在を伝えます。

　支援者が本人参加型ケース会議を実施しようとしても，子ども自身が，この会議の意味を理解していないと不満がたまってしまいます。「怒られた気がする」「言わなきゃよかった」とマイナスな気持ちにならないように，本人参加型ケース会議の意味とよさを伝える必要があります。

 ## その気にさせる

　「それは困ったね。1人で悩んでいたんだね。応援の力も借りてクリアにできる方法を考えない？」「あなたのモヤモヤを，一緒に解決しようとしてくれる味方がいるよ」「あなたはまだ気づいていないかもしれないけど，あなた自身にはすごい力があるんだよ」とディレクターの思いを伝え続けます。子どもが話を受け入れやすいように端的に伝えたり，具体的な困りごとを話しているときや得意なことに取り組んでいるときに話したりなど，一人一人に応じた工夫が必要です。言い続けていると，最初は「味方なんていないと思う」と拒否感を示していた子どもの気持ちが軟化していきます。「やってみようかな？」「途中でやめてもいい？」と不安をのぞかせながらも前向きな言葉が出てきます。

具体的なことを伝える

「会議の前には、しっかり作戦を立てよう」「自分の口で１から10まで話せなくても大丈夫だよ」「言いたくないこと、言いづらいことは、パスもあり」「心配は、全部ディレクターが吸い取るよ」など、不安がなくなり、主体的に発言できるように本人参加型ケース会議を本人の理解度に沿って話していきます。子どもたちにも、本人参加型ケース会議を終えて、いいことがあったということをいくつか伝えました。自分にとっていいことがあるらしいと思ってくれるような具体的なことを話すと、子どもたちの意識も変化します。

 ## ネーミングが大事

会議と名前がつくものは身構えるものです。だからこそ、会議の名称を子どもたち自身に決めてもらいます。他人ごとではなく自分自身のことを考えるのだという意識がより高まります。

「〇〇カフェ」「あのねタイム」「中学校へ！」等々、子どもが気に入った名称を考え、決定していくことがよい話し合いにつながりました。スタートする前から名称を考えられる子どももいますが、実際にやっていく中で名称を考えていく子どももいました。

会議スタイルは様々です。会議のイメージをもち名称を決め、会議の具体的なスタイルを子どもが考えていくことで、楽しい時間への期待が膨らみました。例えば、「Ｍカフェ」と名づけた子どもは、カフェスタイルを取り入れました。子ども中心の柔軟な在り方が子どもの安心感につながると考えます。

どのような名称になっても、どのようなスタイルになっても、それぞれの「今のぼくわたし」を理解し、今後の在りたい姿を、子どもを支えている支援者のみんなと情報共有し、目指している目標を応援してもらえればよいのです。

第２章　「本人参加型ケース会議」の始め方　　047

「Mカフェ」のこと

　Mさんは2年間で本人参加型ケース会議を4回行いました。2回目の会議の際，「次は，カフェみたいにみんなで話したい」と意思表示をしました。そこで3回目は，広い教室に机を並べ，カップを持ち寄ることにしました。彼女の得意な「人に何かしてあげる」ことを生かし，持ち寄ったカップに本人が紅茶を入れるところから会議がスタートしました。

　話すことは苦手でしたが，事前に準備していたシートを指さしながら意思表示をしたり，ディレクターが本人の思いを代読したりすることで，参加者から肯定的な意見をもらうことができました。終わった後は「緊張したぁ」と言うものの，とてもよい表情でした。30分の時間はとても有意義でした。

Mカフェの様子

 ## 参加者の選択

　誰が本人参加型ケース会議に参加するかは，子どもにとって重要なことです。保護者，担任や管理職と良好な関係が育まれていれば，「みんな来てほしい」と思うのかもしれませんが，そのようなケースばかりではありません。「誰と話したいか？」ということを子どもに考えてもらい，自己決定してもらうことも会議が成功するかの鍵になります。

　Mカフェにおいては，本人が保護者や担任や管理職だけでなく，学年の教諭や養護教諭，児童支援専任教諭にも参加してほしいと言い，計10名の会議になりました。少し，多めの人数でしたが，自分が選んだメンバーが自分の

ために集まってくれたことは、前向きな気持ちにつながりました。集まった人たちは、自分の応援団なのだと実感してもらえたひとときでした。

変わりたい姿

　実りある会議の時間にするために、事前に現状を確認するだけでなく、本人の変わりたい姿についても話をしておくとよいと思います。どんな自分になりたいのか、それは適切な目標の姿なのかを考えてもらいます。

　子どもの中には、頑張っても届きそうにない目標を設定し、自信をなくしてしまうという悪循環にはまってしまう子がいる場合があります。「スモールステップで変わりたい姿に近づいていこう」、「そのために応援団に何をしてほしいのか考えていこう」ということを、しっかりと伝えていくことが大事です。

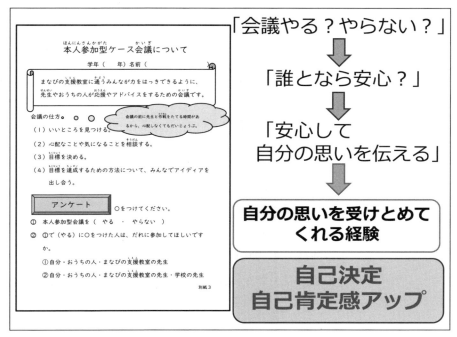

第2章　「本人参加型ケース会議」の始め方　　049

基本の流れ

自己決定を支える作戦会議をつくる

（大山　美香）

　自分で決めたことは，誰でも頑張ることができます。しかし，発達に偏りのある子どもたちには，安心して子どもが自分で決めてチャレンジする機会が少ないのではないかと思います。集団生活の中で，周囲とそぐわない行動から必要以上の声かけがあったのかもしれません。親や先生は「こちらの方がいいよ」と，より適切と思われる選択肢を伝えますが，子ども自身は選ばないことも往々にしてあります。子ども自身が納得していなければ，いくら誘導しても現状は変わりません。

　本人参加型ケース会議に向けてのアプローチの中でも，繰り返し「自己決定」の大切さについて述べてきました。ここでは，自己決定を支えるための「作戦会議」について紹介します。

 ## 見通しをもつ

　少しでもわからないことや心配なことがあると，絶対に自分で決めて行動しない子どもがいます。なぜなら，自分で決めることは覚悟が必要だからです。あるいは，わからないことや心配なことにも気づかずに，自分で考えることをしないままに行動してしまう子どももいます。考えて決めたことがよい結果に結びつかない経験から，考えることを諦めてしまっているのです。

　自分で考え，自分で決めて，安心してチャレンジするためには，本人の理解できる見通し，応援団の存在，環境が必要です。

「作戦会議」とは

　自分で考えることや決めることのよさについて伝えます。また，本人参加型ケース会議の流れを確認しながら，必要なことについて事前に打ち合わせをする会議です。ここで，自信をつけることで，本人参加型ケース会議において安心して自分の気持ちを伝えることができます。

```
本人参加型ケース会議の流れ

　①本人のよいところ
　②困っていること
　③目標を考える
　④目標実現に向けた支援
```

①「発見★対話」

　よいところや困っていることについて，確認していきます。自分の言葉でよいところを伝えられない子どもには，強みアンケートやランキングを活用できます。また，自分ものさしが活用できます。子ども自身がこれから困るであろうと思われる部分について，本人が自覚しているかの確認には，取り組んできた自分ものさしの項目が役に立ちます。

```
自分の
①　良いことや強み
　　困っていること
　　身につけたい力

・こんな力がつくと　パワーアップ
・うまくいく
・いい気分〜まわりからほめられる
　　　　　　　　　　「発見★対話」
```

　「こんな力が身につくとパワーアップだね」「できたら，みんなにほめられて，いい気分だね」とよいイメージがもてるように声をかけていきます。

第２章　「本人参加型ケース会議」の始め方　　051

②「自己決定★応援」

　チャレンジめあては，自分で立てます。応援団の人が立てるアドバイスめあてについて，本人が納得できるものかどうかも考えていけることを伝えます。

> 目標を考える(PDCA)
> ## ②チャレンジめあて
> ## 　　アドバイスめあてを決定(けってい)
> チャレンジめあて＝自分
> 　例　話を聞くとき、目をみる
> アドバイスめあて＝おうえんする人
> 　例　相談する
>
> ### 「自己決定★応援」

③「Let's try! ふり返り」

　めあてに沿って行動したら振り返りをすること，また，めあての変更をしてよいことなどについても，簡単に説明をします。

> やってみる
> ## ③まなびプランPDCA
> **Plan**〜ねがい・計画
> **Do**〜やってみる
> **Check**〜ふりかえり
> **Action**〜見直し
>
> ## 「Let's try！ふり返り」

④場所・時間

　本人参加型ケース会議を開く場所と時間についても伝えます。あまり会議の時間が長いと，本人だけでなく参加者の負担にもなるため30分を目安にしました。

　実際の本人参加型ケース会議を終えたとき，「先生，28分だったよ」と教えてくれた子どももいました。30分以内で終わるといった時間の約束，時間の見通しは，子どもにとって大きいものだと感じたエピソードでした。

⑤追加情報

　今まで，本人参加型ケース会議を終えた子どもの情報，「宿題が減った」

「友達と仲良くなるコツがわかった」「困ったときに，こうやればいいがわかった」など子どもにとって，楽になったことやいい変化が起きたことも追加情報で伝えました。自分のことを話すことが，苦手な子どももいます。ディレクターをはじめ，周囲が本人のためと焦りすぎないことも大切です。

 やらない選択

　子どもによって，説明を聞いても，作戦会議をしても，何人かが集まる本人参加型ケース会議に気持ちが向かない場合があります。そのようなときは，無理をしないことが大切です。支援者との関係を深める，安心できる材料を集める，会議の方法を見直すなど，いろいろな方法を検討していくとよいと思います。

　子どもが，自分にとっていいことがあるかもと期待感をもち，自己決定をした上で本人参加型ケース会議に臨みたいものです。また，会議をしたからすぐ変わるのでも，大人が思う姿を押しつけるのでもなく，子ども自身が変わりたいという気持ち，支援者に対して一緒に課題を解決してほしいと期待する気持ちをもっていることに目を向けることが大事です。

基本の流れ

保護者や学校へアプローチする

(大山　美香)

　本人参加型ケース会議の中で，保護者や在籍校関係者等の期待が大きくなりすぎたり，日頃の伝えたい思いが溢れ出してしまったりすると，子どもは叱られている，責められていると思ってしまいます。あるいは，「○○しなきゃ」「▲▲にならなくちゃ」と頑張りすぎるきっかけになってしまいます。子どもが無理をせずに話に参加できるためには，参加者へのアプローチが必要になります。

 ## 保護者へのアプローチ

　通級では，毎回，保護者と通級担当者が話す時間がありました。そこで，子どもの強みや困りごとを共有しました。子どもが「本人参加型ケース会議」を開き，そこに保護者も参加してほしいと自己決定した場合，保護者には参加者として話をしてほしいことを伝えました。

　どちらかといえば，保護者は子どもの不適応な部分に目が行きがちです。不適応な部分は具体的な話になりますが，よいところは「優しい」など抽象的な言葉で終わりがちです。そこで，事前に実際に使う本人参加型ケース会議シートを渡し，記入してもらうように依頼しました。①本人のいいところ（よさ・得意・好き・頑張り・強み・活躍の機会）は３つ，②困っていること（願い・気になること・身につけてほしい力）では保護者として身につけさせたい力１つ，③目標を考える（よさを生かして困っていることへアプローチする）では，支援者としてのアドバイスめあてを１つ書いてもらいまし

た。④目標実現に向けた支援では，支援のアイディアをたくさん考えていただき，30分間の会議で伝えきれるように，わかりやすい言葉で短く書くようにお願いしました。

本人参加型ケース会議シート

①本人のいいところ （よさ・得意・好き・頑張り・強み・活躍の機会） ○ ○ ○	②困っていること （願い・気になること・身につけてほしい力） ○
③目標を考える （よさを生かして困っていることへアプローチする） ○	④目標実現に向けた支援 （支援のアイディアをたくさん考えよう） ○ ○ ○

また，子どもの発言を否定しないこと，子どもをほめることを心がけてもらうように依頼しました。いつもは，叱る役割の保護者が，みんなの前で自分をほめるということは，子どもにとってとてもうれしいことであり，自分の本当の気持ちを伝えやすくなります。

在籍校へのアプローチ

応援をする在籍校の先生たちの理解も必要不可欠なものです。自分ものさしや事前シートは，必要に応じて見てもらうようにします。本人が先生方と一緒にケース会議を行いたいと決めたら，その旨を伝え，会議の場所や時間等の調整をします。保護者に配付した事前シートと同じものを渡し，保護者と同様に記入を依頼します。子どもの学校生活に関わっている支援者が多く，具体的な話ができますが，不適応な行動に話が偏らないようにお願いしておきます。

会議後には，チャレンジめあてとアドバイスめあてを活用して自分のため

第2章 「本人参加型ケース会議」の始め方　055

のまなびプランを作成します。自分のためのまなびプランに基づいて子どもが頑張ることを応援してもらえるように協力依頼をする等，今後の流れについても伝えていきます。

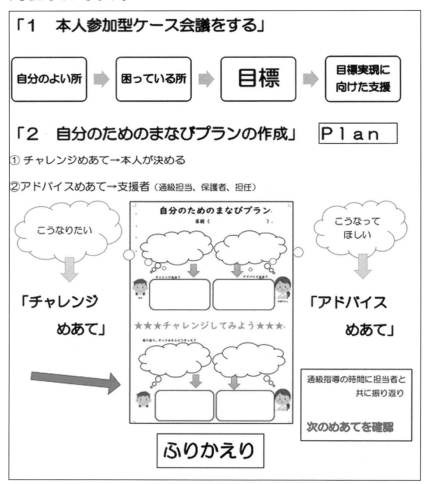

自分のためのまなびプラン

　下記シートは，保護者以外の方への説明で使用したものです。自分のためのまなびプランの形式は，振り返りの期間も含めて子どもにより様々です。また，子どもだけではなく子どもが選んだ評価者にも振り返りをしてもらいます。大事なことは，子ども自身が決めること，振り返りの時間をしっかりともつことです。詳細は，STEP11「自分のためのまなびプランを作成する」でお伝えします。

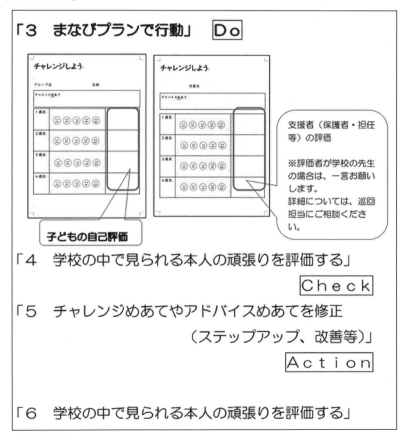

第2章　「本人参加型ケース会議」の始め方　　057

基本の流れ

ケース会議の実際①
現在の自分を確認する

（大山　美香）

　本人参加型ケース会議にはルールが3つあります。①全員が発言すること②黒板（紙）に書き，見える化すること③他者のアイディアを否定しないことです。そして，もう1つ，「30分以内で終わる」ということもとても大切なルールです。子どもが参加し，聞いたり話したり，集中したりできる時間は30分だと捉えています。これ以上長くなると意味がないとも思います。ディレクターは，この時間管理もなかなか大変です。
　このルールを確認したら，いよいよ会議がスタートします。

4つの手順

　本人参加型ケース会議は，4つの手順で進んでいきます。**①自分のいいところ**（よさ，得意，好き，頑張り，強み，活躍の機会）**②困っているところ**（願い，気になること，身につけたい力）**③目標を考える**（今後頑張りたいこと，できるようになりたいこと，チャレンジしたいこと）**④目標実現に向けたプラン**（みんなで支援のアイディアを考える）の流れです。「子どもを真ん中に」子どもから問いかけていきます。

自分のいいところ

①子どもアプローチ 👀

　好きなことをたくさん話してもらい，子ども自身に「自分には，こんなに

素晴らしいところがたくさんあるよ」と気づいてもらうことです。自分のいいところは抽象的になりがちです。作戦会議で子どもの発言から，抽象的なものを具体的なものに整理しておきます。よいところというよりも，好きなことを発言することもあります。「イラストが好き」と発言した子には，子どもと事前の作戦シートから「イラストが好きだから，最後まで色を塗ることができるんだね」「イラストが好きだから，たくさんの考えが浮かぶんだね」と好きの気持ちがあれば，行動のきっかけになることを意図的にディレクターが促していきます。「体育が得意」と話した子に「どんな運動？」「身体を動かすことが好きなんだね」「気づいたら動くことができるんだね」と肯定的に受け止め，子ども自身の変容につながる強みからのよさを見つけておくといいです。

当日は，話せなかったり，話し出すことに拒否感を抱き全然関係ないことを話し出したりすることもあります。ディレクターが焦って進めてはいけません。子どもは大人たちをよく見ています。話せない子には「作戦シートを読む？」「私が代わりに読んでいい？」「作戦シートにはこんなことも書いてあるけど見せてもいい？」と確認しながら進めます。もちろん「今はパス」「あとで話す」「パス」も OK です。

アプローチの仕方は子どもによって異なるため，子どもの様子を確認しながら進めます。

【例1】自分のいいところ把握

自分のいいところ（好きなこと、がんばっていること）

- スイミングや学校をがんばっている。
- 授業を聞いている。
- 算数はたし算、引き算、ひっ算をがんばっている。
- 筋トレをやろうと思っている。
- 友達や弟がけがをしたら、大丈夫？という
- 弟がかぜをひいて、せきをしたら、背中をトントンする。

第2章 「本人参加型ケース会議」の始め方 059

【例2】本人のいいところ把握

> ① 本人のいいところ
> （よさ、得意、好き、がんばり、強み、活躍の機会）
> ○動物を大切にできること。
> ○短期記憶がとくい。
> ○好奇心旺盛。
> ○自分の考えを持ち説明したり表現したりできる。
> ○友達にアドバイスできることもある。
> ○ユニークな発想力がある。

②支援者アプローチ 👀

　会議の流れは事前に伝え，事前シートの記入をお願いします。参加されなかった支援者にも記入をお願いし，周囲が応援していることを本人に伝えられるように，いろいろな場面で活用します。

 困っているところ

①子どもアプローチ 👀

　子どもによっては，困っていることを「願い」「気になること」「身につけたい力」などと言い換えながら，事前シートに子どもの思いを引き出し記入します。事前シートを把握し，自分ものさしと比較しながら，「願いを叶えるためにはどうしたらいいか？」「気になることは自分のマイナスの行動になっているのか？」「身につけたい力は，周囲の考えと一致しているか？」など，本人と一緒に会議で伝えたいことを整理していきます。伝えたいことを準備していないと，会議は混沌とします。子ども自身とディレクターの信頼関係の構築が一番わかるときでもあります。

　困っていることやマイナス部分を一言でも本人が伝えられると，その後の会議がスムーズに進むことが多いと思います。

【例1】困っているところ（これから頑張りたいこと）

ディレクターの捉え

・カタカナの習得

・授業への参加

・家庭学習の方法

> 困っているところ（これからがんばりたいこと）
> ・あるかも。シ、ツ、ソ、ンかな。
> ・よくカタカナを書くとき、まようことがある。
> ・つまる音はできるようになってきたけど、のばす音は、まようことがある。

【例2】困っていること（願い，気になること，身につけてほしい力）

最初の３つは本人，４つ目が保護者，５つ目が在籍校の言葉です。

ディレクターの捉え

・事実の把握の仕方

・忘れ物がないよう物や予定の管理の方法

> ②困っていること
> （願い、気になること、身につけてほしい力）
>
> ○自分の気持ちを抑えることができない。
> ○けんかやもめごとに発展してしまう。
> ○いじめられているような気がしている。（空気を感じる、当たった時にごめんを言わないから）
> ○忘れ物などの物の管理をしてほしい。
> ○相手への言葉より先に手が出てしまうことがあることが気になる。

②支援者アプローチ 👀

支援者の準備の仕方で会議の進み方が異なります。参加者が不適応な行動を長々と伝える場合には，軌道修正をし，簡潔に言い換えます。子どもにとって，「また叱られた」「言わなきゃよかった」と思うことにつながらないように配慮します。ディレクターは，子どもの気持ちの共有とよい行動へのモチベーションを引き出すことを最大のめあてとして会議を進めます。

困っている気持ちを認め，伝えることは勇気のいることです。上から目線ではなく，ともに問題解決に向け作戦を立て実行していく同士という意識が大切かもしれません。

第2章 「本人参加型ケース会議」の始め方 061

基本の流れ

ケース会議の実際②
実現に向けたプランを考える

（大山　美香）

　STEP9では，【例1】【例2】を示しながら，手順①②を紹介しました。参加者や本人の理解度の違いによって事前シートも変えていきます。後日，本人と振り返るときにつけ加えることもあります。
　ここでは，③目標を考える（今後頑張りたいこと，できるようになりたいこと，チャレンジしたいこと）④目標実現に向けたプラン（みんなで支援のアイディアを考える）について取り上げます。

目標を考える＝チャレンジめあてとアドバイスめあて

　チャレンジめあては，目の前のやりたいことやクリアしたいことを自分で考えていきます。「さかあがりが，できるようになりたい」「漢字テストで100点が取りたい」「友達を増やしたい」などハードルが高いことや抽象的なこともあります。一方，決められない子どももいます。そのときには，選択肢を用意することもあります。
　子どもの決めためあてが，一見，本人の課題とは関係ないように思うことがあるかもしれません。それで，大丈夫です。子ども自身の目指したいことをみんなで受け止め，共有し，応援する姿を子どもが知ることが大切な経験につながります。「なんかうまくいかない気がする」ではなく，「味方がたくさんいるから，なんだか大丈夫そう」と思えるという意識変革になります。
　支援者が考えるアドバイスめあては，チャレンジめあてとは異なり，子どもの困っている気持ちからスタートします。ある子どもは，「よくカタカナ

を書くとき，まようことがある」「つまる音はできるようになってきたけど，のばす音は，まようことがある」という困っていることの話の中で，「ノートを書くのが嫌なんだ」と話しました。ディレクターは，子どもの困っている要因が，文字の習得にあるのか，目の動きなのかなど，どこにあるのかを探る必要があります。要因に基づきながら，チャレンジめあてが決められるように助言していきます。

【例】目標を考える（チャレンジめあて）

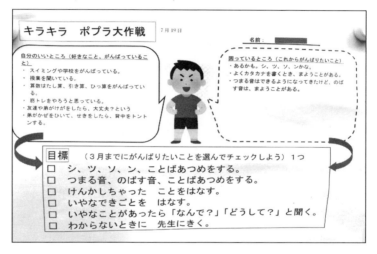

なかなかチャレンジめあてを決めることができなかったため，選択肢を示しました。選択肢を参考にしながら，チャレンジめあてを「まちがえやすいカタカナの練習」と決めることができました。また，アドバイスめあては「わからないときに先生にきく」とし，学習の応援を充実することになりました。

【例】目標を考える（よさを生かして困っていることへアプローチ）

1つ目は担任，2つ目は保護者，3つ目が児童支援専任教諭，4つ目が通級担当者の言葉です。

人生の教訓は報連相タイムで毎回，最後に筆者が使用した言葉です。

> ③目標を考える
> （よさをいかして、困っていることへアプローチする）
>
> ○相手にわかるように自分の伝えたいことをいう。「やめてほしい」「今はその気分じゃない」
> ○自信を持ってほしい⇒言ってることが正しくても自信がなさげだと伝わらない。大きな声ではっきり
> ○やってみる。成功体験の繰り返し。
> ○通級でも話す。困った時は相談。人生の教訓

 目標実現に向けたプラン＝めあてを達成するためにできること

今できることに目を向けます。いつ，どこで，だれが，どうやっての視点で考えるとよいです。ディレクターが中心となり，具体的な支援プランを提案します。子どもの了承があれば，在籍校の先生や保護者へ情報共有し，実行に移していきます。

【例】目標実現に向けた支援（選んでチェックしよう）

本人が選んだ「シ，ツ，ソ，ン」にフォーカスして取り組みました。漢字練習の工夫，タブレットの活用など在籍校の先生や家庭の方とも相談して進めました。

【例】目標実現に向けた支援（みんなで支援のアイディアをたくさん考えよう）

1つ目は担任，2つ目が児童支援専任，3つ目が保護者，4つ目が通級担当者の言葉です。

 変容

STEP9の【例1】の子どもは，カタカナの言葉集めの自学自習から自信もつき，授業に主体的に取り組むようになりました。国語や社会などの学習ではタブレットを使って文章を書くようになりました。タイピングも上達し安心して学習に向かうことができました。【例2】の子どもは，たまに連絡帳の記入を忘れることもありましたが，この会議からの気づきは大きかったようです。卒業後に会ったとき，見通しをもってスラスラ答える姿に，本人の成長と家庭の応援を感じました。

基本の流れ

自分のためのまなびプランを作成する

（大山　美香）

「自分のためのまなびプラン」は，STEP8でも触れましたが，ここでは子どもが作成していく過程について具体的に伝えたいと思います。

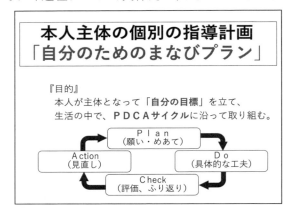

 めあての設定

本人参加型ケース会議では，ちょっと照れながらも「よいところ」を受け入れたり，「苦手さ」について向き合ったりすることができました。自己選択した参加者の言葉には，いつもより真剣に耳を傾けることができるようでした。

会議後，記録をもとに本人とチャレンジめあて，アドバイスめあてを確認します。「やる」という意思表示からめあて達成に向けて必要なことを「自

分のためのまなびプラン」に記入していきます。

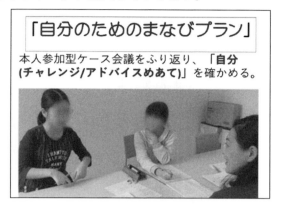

【例】「自分のためのまなびプラン」のめあて

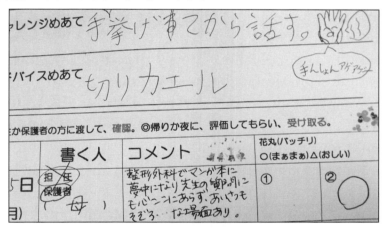

　課題となる行動を「勝手に話す」「夢中になったらやめられない」の2つに絞りました。取り組む中で，本人が，「肩をそっとたたいてくれたら，気づいてやめられるかも」と自分の行動を振り返りながら，具体的な支援を伝えてくれました。その支援を受けることで，不適応行動が少しずつ減り，楽しく過ごす時間が増えました。

評価者

　めあての次のポイントになるのが，評価者です。評価者には，家の人，担任など本人が信頼を寄せる様々な人が想定されます。多くの子どもたちは，評価者を担任の先生と選択しましたが，ある子どもは，毎週末に祖母宅に行くので，評価者を祖母としました。「おばあちゃんに頑張っているところを見てもらいたい」と，週単位の自分のためのまなびプランを作成しました。週の予定を見越すことが，めあてへの取組の原動力となりました。

 ## 振り返りと価値づけ

　評価者となった担任の先生は，学級の他の子どもたちへの指導・評価があります。保護者の方も，兄弟のこと，家のこと，仕事のこと等，忙しいと思います。そのため，負担にならないように，ディレクターと情報共有の上で評価を進めていければと思います。きっちりでなくても，本人の頑張りを把握しながら，本人の行動について価値づけをしていくことが子ども自身の行動変容につながります。

【例】通級担当者との振り返り

　図の上の段は通級担当者が「〜忘れてしまうけど，アドバイスめあてでは，先生が肩をたたいてくれるので，気付くことができると話しました〜」と記入しました。下の段は担任が「〜机の上に，ふでばこの中身を広げていましたが肩をたたいて今やることを伝えると，かたづけられました」と記入しました。本人参加型ケース会議において，一緒に話しているからこそ，子どもの課題に向き合うことができます。また，チャレンジめあて，アドバイスめあてを知っているからこそ，本人の細かい言動に対してのアプローチを同じ方向で取り組むことができました。PDCAを繰り返しながら，本人がつくったかわいいカエルのキャラクター「切りカエルくん」は，彼女自身の大きな

行動変容につながった合言葉となりました。

通級担当者 からのメッセージ	今日は 振りかえりで 手を挙げてから 話すよって 考えました。忘れてしまうけど、アドバイスめあてです。先生が 肩をたたいて くれるので、気付くことができると 話しました。周りをみる を チャレンジの工夫に 書き入れました
担任からの メッセージ	国語では 話したくなって しゃべってしまったのですが 声をかけました。給食の いただきます もおしゃべりがとまらなかったので、少しきびしく言いました。机の上にふでばこの 中身を ないていましたが 肩をたたいて 今もとっても 抑えて、かたづけられました。

【例】保護者からの価値づけ

　自分のためのまなびプランを作成する中で，「評価者を担任の先生とおうちの人にしてほしい。わかる範囲でいいから」と意思表示をしました。まじめで頑張り屋でしたので，たくさんの人に自分の行動を見てほしかったのかもしれません。評価シートを，担任用，おうちの方用と2つに分け，2週に一度の振り返りのPDCAを繰り返しました。自分のためのまなびプランの振り返りは，「す，すっとぐー」（（す）数字で振り返り，（す）すぐにできる（ぐ）具体的行動）を合言葉にしてきました。めあての確認もそうですが，支援者が記入できるように，枠組みを工夫すると取り組みやすかったです。

2週間	達成度(チャレンジ○　アドバイス△)	ふりかえり
例　／ 　〜／	0　△　5　○　10	チャレンジめあては、自分で考え進めようとしていたから、「7」。 アドバイスめあては、何度もつたえていけどできない時もあったから「3」

　自分のためのまなびプランは，Plan（めあて＝願い・計画）Do（具体的なめあて＝やってみる）Check（評価・振り返り＝振り返り）Action（見直し）と進めました。支援者が，必要な力，チャレンジめあて，アドバイスめあてを共有したことで，指導の方向が明らかになり，よい行動が増えたと感じました。

第2章　「本人参加型ケース会議」の始め方　069

基本の流れ

STEP 12

行動変容に伴い卒業する

（大山　美香）

　本人参加型ケース会議を進めるにあたり，子どもに伝えてきた「自己理解」「自分ものさしとお互い様」「Try&Error を恐れない」の3つ（STEP1参照）を進める中で，特に「自己理解」を促すことに難しさを感じました。

　指導・支援の要素として「①自分ものさし（判断／選択／決定）」「②キーパーソン（この人なら話せる）」「③人生の教訓（自分なりの解決法）」があると考えます。発達凸凹の子どもにとって，相談することはハードルが高いものです。だからこそディレクターが，手立ての1つとして「アプローチを整理する」ことが必要です。

　STEP の中で出てきた子どもを含めて，本人参加型ケース会議に参加した子どもたちの行動変容／卒業を紹介します。

> 「自己理解を促す指導
> 　　・支援に必要な3つの要素」
>
> ①「自分ものさし」〜判断⇒選択→決定〜
> 　社会で生きていく上で、自分が必要としているものについて考えることができ、
>
> ②「キーパーソン」〜この人なら話せる！〜
> 　と信頼できる他者に相談し、
>
> ③「人生の教訓」〜自分なりの解決法〜
> 　問題を解決することができる。

070

もう大丈夫

【例】切りカエルくん

　Fさんは，知識が多く発言も友達も大好きです。好きなことをやめられず，素直すぎるためにトラブルにつながることが多かったです。物の管理が難しいことや夢中になりやめられないことを困っていることとして，本人参加型ケース会議で共有する流れとなり，2年間で4回行いました。自分ものさしをつくる際には気持ちを切り替える，勝手にしゃべらない，机の周りを片づけるなど8項目を作成しました。大好きな絵を描く強みを生かし，自分の課題「気持ちを切り替える」から「切りカエルくん」をつくりました。在籍校の担任の先生の工夫等もあり，自分自身と重ねながら振り返ることができるようになり，よい変化がたくさん見られるようになりました。自分のためのまなびプランでもたくさんの方が応援してくれて，本人の励みとなったことも大きいと思います。

担任の先生のまなびプランの言葉から

【例】お手紙

　通級指導教室の年度末の指導のときに，手紙を書くことになりました。お手紙が大好きなお母さんに，丁寧に一文字ずつ書いていく姿が印象的でした。安心して相談したり，本人参加型ケース会議で気持ちを伝えたりしながら，

自分自身を振り返ることができるようになりました。その姿を担任や家の人が自分のためのまなびプランを通して評価してくれました。

　PDCAを続けること，対話を続けることで，自分の苦手さの新たな発見「失敗すること」に気づくことができました。それを，家の人に伝えることができたことは大きな成長でした。

> 身のまわりのいろいろなことを　してくれて　いつも　ありがとう。
> ぼくの苦手なことは、失敗すること　　　　　　　　　です。
> そんな時には「失敗してもいいよ　　　　　　　　」と言ってくれると元気がでます。
> 進級したら「つくえの整理整頓　　　　　　　」をがんばります。おうえんしてください。

【例】学校が苦手

　2年間で4回本人参加型ケース会議を実施しました。3回目までは，ディレクターである筆者と2人でした。あることをきっかけに，学校が苦手になりましたが，不登校支援の教室には少しずつ通うようになりました。

　はじめは，動画づくりが得意なこと，かわいがっているとかげのかげちゃんの成長の過程などの話でしたが，本人参加型ケース会議を重ねる中で，進路の悩み，親に心配はかけたくないこと，小学校のみんなは自分のことをどう思っているのか心配であることなどの気持ちを伝えてくれるようになりました。ディレクターが「私は，進路の心配を解決したいと思っているよ。他の人も交えて一緒に会議をやってみない？」と誘い，誰だったら話せるかを尋ねると，ディレクターの他に「お母さん」「不登校支援の担当の先生」と自己選択しました。4人での本人参加型ケース会議の際に，「自分の悩みは通学」と伝えることができました。保護者は涙目で「話してくれてありがとう。もう来なくていいよって言うまで，通学のときは同じ車両で見守っているから大丈夫だよ」と伝えました。不登校支援教室の担当の先生からは「疲

れたら休むこと」などのアドバイスを受けました。安心して中学校へ進学できるきっかけとなりました。

　卒業後に集まる機会がありました。彼は，別室で１人でゲームをしていました。筆者が近づくと，唐突に「先生，疲れたらカウンセリングルーム行ってるよ」と話しました。「すごい！　相談の場所ができてよかった」と話し，その後はゲームをのぞき込み説明を受けました。子ども自身の思いを伝え，受け止める人，場所があれば居心地よく過ごせることを実感することができました。

 ## 十人十色

　たくさんの子どもたちと出会い，本人参加型ケース会議を行ってきました。子ども自身のスタート時点，背景，家族の考え方，在籍校の担任の捉え，すべて異なります。実態把握をし，心理的安全性を確保し，思いと事実を整理しながら相談のよさを伝え，本人参加型ケース会議に巻き込みました。子どもによっては，ステップの順序が入れ替わることがあるかもしれません。しかし，自分のための会議が開かれるという経験，自分のためのまなびプランという個別の指導計画の作成・実践から，子どもの大きな行動変容を目にすることは，ディレクターとして大きな喜びでもあると思います。混沌とした中にいる子どもをたくさん救い，子ども自身の変化を確かめ伝え，支援できる応援団長です。ぜひ，いろいろな形で実践していただけると幸いです。

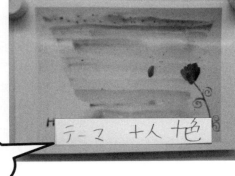

こんなときどうする？

担任の先生には来てほしくないと子どもが言ったら？

（松元　ゆき）

参加者の選択

　本人参加型ケース会議の大事なポイントの1つは，参加者も子どもが選択するという点です。そのため，「担任の先生は来てほしくない」と子どもが言った場合は，「せっかくだから，担任の先生には聞いてもらおう」「担任の先生だから，いてもらった方がいいよ」など，子どもを説得するようなことは言わずに，子どもの選択を認めます。支援者側の意図と違っていても，子どもには子どもなりの理由があります。

担任へのフォロー

　どのような理由があっても，担任にとっては自分が子どもから選ばれなかったことはショックなことです。熱心に支援・指導をしていた教員ならなおさらのことだと思います。そのため，子どもが「担任に来てほしくない」という選択をしたことを伝える際には，今後の担任と子どもの関係が気まずいものにならないようディレクターは配慮する必要があります。

　事前に，担任から情報を得て，担任から見た子どものよいところや頑張っているところを伝えられるようにしておくとよいと思います。担任が本人に向けて手紙を書くという手立ても有効です。また，会議の中で，担任に報告をすることや子どもから担任に伝えてほしいことを確認しておくとよいと思います。

会議に参加するか否かは別として，担任は学校生活の中の子どものよき理解者であってほしいものです。そのため，担任と子どもや保護者をつなぐ手立てを工夫することもディレクターの大事や役割だと考えます。

 先生は，全員いらない！…保護者と１対１

　参加者の選択は，回によって変わることもあります。もしかすると，ディレクター自身，あるいは「先生」といわれる立場の人すべてを子どもが選択せず，保護者とだけ会議をしたいという場合もあります。そのような形があっても，よいと思います。家庭の中とは違う学校という環境の中で，保護者と子どもが「よさ」「支援の方法」等テーマに沿って話し合うことは，お互いがいつもと違う面を発見できることにつながります。

　保護者と１対１の会議がスムーズに進行できるよう，保護者とディレクターは，事前に使用するシートや話し合いのゴールの打ち合わせをしておくとよいと思います。また，会議の内容を先生たちと共有できるよう，メモや写真などで記録してもらうように依頼しておきます。

　記録をもとに会議の内容を共有したら，学校内で実践できる支援やアドバイスめあてについて支援者同士が考える時間を取り，本人と共有していきましょう。

こんなときどうする？

本人参加型ケース会議は
誰が子どもにもちかけるとよい？

（冢田三枝子）

 本人への働きかけ

①誰が？

　学校関係者の中で，本人参加型ケース会議を実施した方がよいと考えた場合，誰がどのように本人に働きかけるかはとても重要なポイントになります。担任，通級担当者，特別支援教育コーディネーター，児童指導に関わる教員，あるいは管理職などの役割ではなく，これまでの本人との関係性を重視していきます。困っていることなどの相談をよく受けていた教員から話すことが，自然な形で話題を振れると考えます。複数の人や繰り返し働きかけることは，子どもの抵抗感が増す懸念があるため，働きかける担当者は絞っておくことが望まれます。

　通級担当者が伝える場合は，在籍校関係者との連携を十分に取ることが必要です。

　あらかじめ保護者に伝え，保護者から本人に伝えてもらうこともできます。その場合は，親子関係に留意して依頼すること，伝えてもらう内容について十分に了解してもらうことが大切です。

②どのように？

　子どもが受け入れやすい言い方を考えることも大事になります。「本人参加型ケース会議をしませんか？」と言っても，子どもはイメージがもてません。子どもの発達段階を考慮しつつ子どもが興味やイメージをもちやすく，

前向きな気持ちを抱けるような働きかけを考えることが必要です。例えば，自分の気持ちを言葉で表現できずに行動で示すことでトラブルが起きている子どもには，「○○さんが自分の気持ちを伝えやすいように作戦会議をしない？」など，子どもの抱えている課題を解決できるような言い方が考えられます。あるいは，視覚的な手がかりが有効な子どもには，YES/NOで答えられるようなロジックツリーを用いるのも有効と思われます。安心できる場で，あまり構えずに話せる雰囲気づくりを意識しておくとよいでしょう。

会議に参加するということが子どもの自尊心に響くとよいスタートにつながります。

 ## 保護者への働きかけ

①誰が？

本人への働きかけと同様ですが，子どもへの指導・支援について情報を共有できている場合は，保護者との信頼関係が築けている人が話すことが望まれます。しかし，子どもの困っている様子などが共有できていない場合は，今後の担任との関係性を考慮し，特別支援教育コーディネーターなど担任以外の教員から働きかけるのがよいでしょう。

②どのように？

対面で話をすることが望ましいですが，昨今，働いている保護者も多く，時間を調整するのが難しくなっています。電話の場合でも，本人参加型ケース会議の意図，期待できる効果を保護者が納得できるように順序立てて伝えることが大事なポイントになります。

本人と保護者のどちらに先に伝えるのかについては，状況をよく捉えて決めることが必要です。最初の一歩のかけ違いは，本人参加型ケース会議の結果に影響します。

第2章 「本人参加型ケース会議」の始め方

こんなときどうする？

高学年と低学年で
本人参加型ケース会議に違いはある？

（松元　ゆき）

年齢にとらわれない

　実際に本人参加型ケース会議を企画し，実施すると，子どもたちが年齢問わず「自分のことを知ってほしい」「もっと自分がキラキラ生活できるためにはどうしたらいいのだろう」と悩んでいることに気がつきました。そのことから，発達段階や当事者がもつ強みによって実施の仕方を変えることが必要です。例えば，選択肢を設けたり，自由記述面を広くしたり，数値で自分の今を振り返ったりなど，本人が振り返りしやすいように工夫をすることで，低学年であっても可能な取組になります。

うまく伝えられないとき

　低学年では，まだまだ「自分って…」と振り返ることが難しいことが現状としてあります。振り返りができず，自分の本当の気持ちを周囲に伝えることが上手ではない児童だと，集団生活で困ること，対人関係，学習面でのつまずき，不適応行動として現れることもあります。なぜその行動が現れているのかを，身近な支援者が行動背景を分析し，傾向をつかんでいくと本人の本音が見えてくるかもしれません。そのときは，本人へ「もしかして，○○で困っている？」と聞いてみてください。人によっては本当の気持ちを打ち明けるまでに時間がかかることもあります。でも，「自分の話を聞こうとしてくれた。もしかしたら，味方になってくれるかもしれない。この人になら

打ち明けてみようかな」と子どもたちは少しでも感じるところがあると思います。

 ## 子どもの気持ちからスタート

　もし悩みを打ち明けてきたら，どうしたら現状を打破できるのか，支援者と本人で相談しながら会議を計画します。低学年の場合，本人が一番本音を打ち明けやすい支援者がディレクターとなり他の支援者と情報を共有していきます。

　高学年の場合は，低学年に比べ，周囲の様子や周囲と自分の違いについて気づき始め，関係性ができると，「自分は，○○で困っているんだ」と打ち明けてくることがあります。そのときが本人参加型ケース会議を提案するチャンスです。

 ## 共通していること

　低学年と高学年のどちらにも共通していることは，じっくりその子の話を聞くことです。支援者の「こうなったらいいのに」「こうした方がいい」「こうしたい」という気持ちをひとまず置いておき，その子の話に耳を傾け，計画していくことが重要だと考えます。

第2章　「本人参加型ケース会議」の始め方

こんなときどうする？

通級を使っていない子どもにも活用できる？

（伊東　邦将）

　通級を利用していないと本人参加型ケース会議を活用することができないということはありません。大切なのは，そのプロセスだと考えます。通級を利用しているかどうかで，「できる」「できない」ということはなく，その子どもに合ったアプローチの仕方やタイミング，環境調整等を検討し，基本的には子どもの意向に沿って進めていくというように考えるとよいと思います。
　また，校内では，児童支援専任や特別支援教育コーディネーターがリーダーシップをとって計画していくとよいです。

 ### 会議に参加する職員のチーム編成

　まずは，チームをつくります。管理職，担任，児童支援専任，特別支援教育コーディネーター，養護教諭などが考えられます。ポイントは「子どもとの関係性が良好かどうか」です。

 ### 実態把握

　次に，それまでの子どもの様子を振り返り，本人参加型ケース会議のエッセンスをもとにして，子どもの課題や強み，取り巻く環境などについてチームで共有します。特に「強み」の部分は，その後の会議内で子どもの自信につながる大切な要素なので，できるだけ多く，具体的なエピソードなども出しておくとよいです。

ただし，普段から関係職員で情報共有をしておけば，改めて行う必要はないと思います。

会議の進め方の計画を立てる

　会議の目的，場所，時間，会議の回数，1回の会議にかける時間，参加者，保護者との連携の仕方，誰がどのような言葉で子どもにもちかけるのがベストかなどを，子どもの実態を踏まえて考えます。

保護者と共有

　こういった内容，見通しで子どものために会議を開きたい，ということを保護者と共有し協力を依頼します。親子関係が良好で，学校のスタンスにも協力的な場合は大いに協力いただきます。本会議の目的を伝えると同時に，学校は本児のことをとても大切に思っているということをわかってもらうことも重要です。

実践

　以上を踏まえて子どもにもちかけ，参加者や内容を決め，日程を調整して実践します。当日は会の進行役と板書役を立てて進めていきます。

　校内で行うためには，会議の参加者がその子どもと良好な関係を築いている必要があります。会議の場が子どもにとって安心できる雰囲気である必要があるからです。そのためにも，日頃から特別支援の視点をもって子どもと関わり，児童理解を深め，信頼関係を築いていくことが大切です。

こんなときどうする？

言語化が難しい子どもには
どう参加してもらう？

（松元　ゆき）

事例の子どもたち

　事例紹介で出てくる児童たちは比較的，言語能力が高い児童たちです。低学年でありながら，「怒ったときの自分は何がどうなっているのかわからなくなってしまう」「困っているのは，怒ったときの自分。すぐ怒るのをやめたい」などと話すことができています。しかし，どのようなときに怒ってしまうのか，何が嫌だったのかなど込み入ったことになれば，そこには聞き出すための支援が必要です。これまでの経験を通し，大事なのは，言語能力よりも関わる相手との関係性ではないかと考えます。

言葉にならない気持ち

　「本人参加型ケース会議」を開くにあたり，言語能力がある一定以上長けている必要はないと考えます。自分の気持ちや困ったことを，言語以外の何かしらの形で表出することができれば，誰でも開くことは可能です。
　言葉にすることが難しい子どもの場合，「なぜ子どもはこういう行動を取るのか」といった支援者の分析力や柔軟な工夫が必要となります。
　本人の行動の傾向や背景を支援者がよく観察し，独りよがりにならないように他の支援者と情報を共有しながら分析を進めます。それに基づいて選択肢を用意したり，気持ちに添うような視覚的な手がかりを用いたりするとよいと思います。

様々な工夫

①シンプルな選択肢

「はい」「いいえ」，「〇〇と思った」「〇〇と思わなかった」等の二者選択，それに「わからない」「どちらとも違う」といった中立的選択肢を加えた三者選択といったシンプルなものから気持ちを聞き出していくことも効果的です。選択肢の提示は，手や具体物を使ったり，数字を添えたりすることで選択肢の内容が覚えやすくなると思います。

②絵カード

選択肢の1つにもなりますが，絵カードや写真を活用することで，どんなときにどんなことで困ったのか，誰といるとうれしいのか等，状況を掘り下げて聞き取ることができます。

③コミック会話

状況や気持ちをシンプルな絵や吹き出しの言葉を通してわかりやすくしたものです。刺激が少ないため，焦点化しやすいと思います。

④人形等を通したやりとり

パペットやぬいぐるみ，小さな置物等，子どもの気に入ったグッズを通して，そこに自分の気持ちを投影させていくとつぶやきを拾えると思います。

いずれにしても，本人の実態に合わせ，支援者が提供する資料等を変えることが重要です。

【参考文献】
- キャロル・グレイ著，門眞一郎訳『コミック会話 自閉症など発達障害のある子どものためのコミュニケーション支援法』(赤石書店)

こんなときどうする？

学校内だけではなく，連携する他機関にも入ってもらう？

（松元　ゆき）

他機関と関わっている子ども

　本人参加型ケース会議に，他機関が参加して実施することもあります。実際にそのような例もありました。

　子どもの支援者は，学校関係者と保護者だけではありません。小さい頃から医療に関わっている子どもであれば，療育センターの医師や心理士などが継続して関わっていることもあります。あるいは，保護者との関係や家庭環境に課題がある場合は，区役所や児童相談所が関わっていることもあります。

　参加者がどの機関に属しているかということではなく，子どもが誰に話を聞いてほしいかという視点で参加者を考えていくとよいと思います。

医療機関に入ってもらう場合

　医療機関（療育センター）と関わっている場合は，保護者に了解を取り，保護者に仲介役を担ってもらうこともあります。あるいは，了解のもと，学校関係者が直接連絡を取ることもあります。

　学校が直接連絡を取る場合には，事前に管理職にも了解を取ります。必要によっては，管理職から最初のコンタクトを取ってもらうこともあります。

　医療機関は学校と離れている場合も多く，また，時間の調整が難しいことも考えられるためZoom等オンラインでの参加も検討するとよいと思います。

 区役所等に入ってもらう場合

　医療機関に入ってもらう場合と大きな違いはありません。学校が中心となって連携を取っている場合でも、原則保護者の了解を得るとよいと思います。

 他機関に入ってもらうときには…

　他機関が関わる場合には、会議の趣旨を中心に事前のやりとりをより丁寧にしていきます。会議の趣旨を理解してもらえないと、子どもにとっても参加者にとっても納得のいく時間を共有できない恐れがあります。
　このような取組があること、また、その効果を他機関の方に知ってもらうことも、他機関の方に参加してもらうことの大きな意味ではないでしょうか。

こんなときどうする？

Q7

児童支援専任がいなくても開催はできる？

（伊東　邦将・冢田三枝子）

学校における役割

　学校には様々な人が関わっています。区役所や児童相談所など他機関の方が関わることが増えていますが，いつも子どもたちを見守っているのは，地域の方，保護者，そして教職員になります。教員の中では「担任」という役割を担う人が多いですが，それ以外にも教科担当であったり，通級担当者であったり，教務主任（担任と兼務することもありますが）であったり等，様々な立場から子どもたちの教育を支えています。

　特別支援教育が学校教育法に位置づけられた平成19年4月に文部科学省から発出された「特別支援教育の推進について（通知）」に基づき，現在ではどの学校にも「特別支援教育コーディネーター」という役割が存在します。担任や養護教諭等を兼ねている場合もあります。

横浜市の取組

　横浜市の学校では，特別支援教育コーディネーターを複数配置している学校も少なくありません。小学校では，特別支援教育コーディネーターと児童指導を兼務する専任として「児童支援専任」という役割があります。「特別支援教育」の「支援」と「児童指導」の「児童」を組み合わせた横浜独自の言葉ですが，市外にも随分と周知されているように思います。ここでは，横浜市立小学校の特別支援教育コーディネーターの代表として，「児童支援専

任」という名称を使用します。

本人参加型ケース会議を開催する人

　会議のディレクターは，本人が希望する支援者であることが望ましいです。その支援者が，必ず児童支援専任である必要性はなく，学級担任や特別支援教室担当，養護教諭，管理職になることもあります。

　児童支援専任教諭は，教育相談の在り方，発達障害等の理解，保護者や他機関との連携などについての研修を受けています。そのため，他の教員がディレクターとなったときには，何をどう話すかの役割分担を含め適切な助言をしてもらうとよいと思います。

　円滑に本人参加型ケース会議が開けるように，関わる人たちが協力していくことが大事です。

こんなときどうする?

Q8 本人参加型ケース会議を行うのに適した時間や場所は？

（伊東　邦将・松元　ゆき）

開催時間

　いつでもOKですが，本人が参加しやすい時間かつ支援者が集まりやすい時間帯で調整します。もしかしたら，児童下校後の時間になることもあるかもしれませんし，中休みの時間かもしれません。集まる時間は参加者の負担のない時間だとよいでしょう。

会議の時間

　開催時間は，長すぎず，短すぎない，30分以内を目安にします。状況に応じて，「今回は10分しか取れないから，『1．いいところ』『2．困っているところ』の共有だけにしましょう」と区切ってもよいでしょう。ただし，そうする場合は，次の回をいつにするのか明確に約束することが大切です。なんとなくで終わらない工夫が必要です。

安心できる場所

　子どもが安心できる場所を，子ども自身と一緒に考えることが大事です。家よりも学校内の場所を選択できるようにします。
　校内で使える場所ならどこでも会議ができますが，会議の参加者以外が入室しないような配慮があるといいと思います。また，音に過敏な子どもであ

れば，周囲が賑やかすぎない場所が望ましいでしょう。

　同じ教室であっても，机の配置や座る場所などで雰囲気は変わります。また，机上に花を飾ったり，名立て（会議用席札）を置いたりすることで会議のイメージが変わります。STEP6のように子どもによっては「カフェ」をイメージして，お茶を用意することもありました。

こんなときどうする？

本人参加を本人が望んでいるか，気持ちはどう確認する？

（松元　ゆき）

子どもの参加する意思確認について

　子どもが実際に本人参加型ケース会議を行いたいかどうかについては，意思確認シートを用いて確認します。その前に，子ども自身に見通しをもたせるために，子どもに向けてプレゼンテーションをします。どんなものであるかを子どもに説明した上で，実施するか否かを確認することが重要です。

参加者選び

　支援者は，本人に関わる多くの人に本人の気持ちを聞いてもらおうと思いがちですが，焦らず，本人が選んだ参加者で開くことを心がける必要があります。1対1の対話の時間がうまくいくことで，少しずつ本人が「〇〇先生にも聞いてほしい」「お父さんにも聞いてほしい」等，子ども自身が参加者を広げていきます。聞いてもらいたい人がはっきりしてくると，本人参加型ケース会議への意欲が高まってきます。

子どもが本人参加型ケース会議をしたくないと言った場合は

　本人がしたくないと言ったら，無理に始める必要はありません。
　子どもの気持ちを尊重します。その場合でも，本人参加型ケース会議というシステムがあること，子どもの必要感に応じて実施できることを伝えてお

きましょう。

「○○会議」としてしまうと，どうしても何か特別なことをしなくてはいけないのでは？と感じてしまうでしょう。「○○作戦」や「○○名人の道」など名前を変えてもいいです。名称よりも，子ども自身が誰に自分の気持ちや本音を話したいか，どんな自分になりたいかを語れるかが重要です。

そのために子どもが気持ちを伝えたいと思えるよう，はじめに関わる担当者がよい関係を築くことが大事だと考えます。

基本の流れ

こんなときどうする？

第2章　「本人参加型ケース会議」の始め方　091

こんなときどうする？

「問題解決型ケース会議」と「本人参加型ケース会議」の違いは？

(伊東　邦将・冢田三枝子)

「問題解決型ケース会議」とは

　横浜市では，不登校傾向や不適切行動が見られる児童生徒を主とした「問題解決型ケース会議」が実践されています。課題を丁寧に捉え，クリアできそうな課題から順に目標を立て，子どもの得意分野を生かした支援を実践して目標を達成していくことで，子ども自身の自己肯定感を育んで不適切行動を減らしていくことができるようにするためのプログラムです。担任の大変さを共有するなど，大人だけのやりとりが中心にならないように気をつけていきます。

「子どもの自己選択」の違い

　「本人参加型ケース会議」では，その各所に「子どもの自己選択」が反映されるところが「問題解決型ケース会議」との大きな違いとなっています。
　課題や長所，目標や支援方法，評価まで，子ども主体で進めていくので，子どもの思いと先生の思いの"ズレ"が起こりにくいつくりになっています。
　また，「できているところを子どもと一緒に確かめることができる」ことも大きな違いです。話し合いの場に本人がいることで，参加者が思っている「本人のいいところ」がダイレクトに子どもに伝わります。その参加者の言葉を聞いて，子どもは自分の言動を前向きに捉えることができたり，新たな自分に気がついたりすることができます。さらに，継続することで，自分の

変容を具体的に理解することができます。これが次の目標の手がかりになるので、「子どもの自己選択」は本会議の中でとても大切なプロセスだと思います。

 ## ゴールにすること

いろいろな形のケース会議がありますが、どれをとっても「子どものために」という視点が変わるものではありません。子どもにとって一番望ましいゴールや支援を考えていくことを、ケース会議に参加する私たちは大切にしていかなければならないと思います。

こんなときどうする？

本人参加を始めるにあたり，管理職の理解をどう得る？

(冢田三枝子)

管理職が子どもの情報をもつ

　ほとんどの学校では，特別な支援を必要とする子どもについて，管理職を含め全教職員で情報の共有をしています。しかし，情報内容は学校規模や特別な支援を必要としている子どもの数によっても変わってきます。

　校内委員会だけに頼らず，特別な支援を必要とする子どもについては，適宜管理職へ報告をしていくことが必要です。課題のある内容だけでなく，得意な点や成長が見られた点も報告に含めることがポイントです。そのことにより，管理職が子どもに声をかける内容が異なってきます。子どもにとって，管理職から認められる声かけをされることは，管理職との距離が近くなり，子ども自ら管理職へ関わることが期待できます。その流れができれば，自然に子どもの情報を管理職がもつようになり，管理職から担任や特別支援教育コーディネーターに情報提供ができるという循環ができます。改めて会議などの場を用意しなくても，日々のやりとりの中で子どもの姿を共有できることは，本人参加型ケース会議の必要性を考えるときに大変有益なことです。

　併せて，保護者の情報も伝えていくことで，子どもの姿を広い視点で捉えることができます。

相談の時間を取る

　子どものことを理解してもらうのと併せて，対応の仕方について相談をし

ていきます。相談することで，子どもへの理解も深まります。また，これまでの経験からアドバイスをしたり，似たようなケースについて思い出したりすることは，管理職としても子どものイメージをもつことに有効です。長い時間をかけることは難しいと思われるため，話のポイントを絞れるように伝える内容を事前に整理してから相談に行くとよいと思います。また，相談する時間を「５分」などと区切っていくことも，互いの負担感を軽減するのに役立つのではないでしょうか。

管理職の参加を促す

　子どもとの関係性によらず，管理職が本人参加型ケース会議に参加し，子どもの気持ちを聞くことは望ましいことです。しかし，管理職との日程調整は難しく，タイムリーなケース会議ができなくなることも考えられます。挨拶程度の短い時間でも，子どもや保護者との信頼関係を築くのには役立ちますので，顔を出してもらえるように依頼してみましょう。また，ケース会議の報告も忘れずにすることが，次につながっていきます。

管理職の立場から

　管理職は学校経営という役割を担い，多忙な業務を担っています。しかし，その根底にあるのは，一人一人の子どものよりよい成長を願う気持ちです。誰もが問題が起きる前にトラブルを防ぎたいと思っています。それが子どもの幸せや安全につながるからです。そのためには，情報が必要です。校長室に話をしに来てくれる教職員は，大変貴重であり，ありがたい存在です。情報をもっていれば，子どもだけでなく保護者も，そして教職員をも守ることにつながります。臆せず，管理職とのやりとりを大切にしてほしいと思います。

こんなときどうする？

本人参加型ケース会議のために
事前打ち合わせしておくべき内容は？

（冢田三枝子）

 事前打ち合わせの重要性

　学校行事においても事前の準備はとても重要なものです。事前の準備がないまま，運動会や入学式・卒業式は実施しません。いつどこで行うのか，誰がどのような役割を担うのか等，細やかな計画があることで参加者が安心して関わり，実践することができるのです。本人参加型ケース会議においても同じです。子どもの思いを十分に汲み，自己評価を高め自己理解を促すためには，事前の打ち合わせはとても重要になります。また，リスクの回避についても打ち合わせることは大切です。

 支援者の事前打ち合わせのポイント

　会議の趣旨の共有だけでなく，参加することへの心構えができます。

①ポイント1「環境」
・実施する場所
・部屋や机のレイアウト　・座席の割り当て
・用意すべきもの①…定番のもの
　（ホワイトボード，プリント，画用紙，ペン等）
・用意すべきもの②…個別のリクエストによるもの
　（例えば，お茶セット，お花，ぬいぐるみ等）　　など

② ポイント2「役割」
・司会
・記録
・話す順番
・報告者　　など

③ ポイント3「内容」
・本人のよさ，強み
・それぞれの立場での困っていること
・支援策の案　　など

④ ポイント4「共感」
・聞き方
・切り返し方
・ほめ方
・表情　　など

⑤ ポイント5「リスクの確認」
・支援者の思いが優先しないこと
・使用しない方がよいキーワード
・時間の管理　　など

 子どもとの事前打ち合わせ

　参加者や会議する場所を決め，必要なものについても相談をします。伝えたいことについても，これまで話をしてきた経緯を踏まえてまとめておきます。そして，安心できる時間になることを再度確認しておくとよいでしょう。

こんなときどうする？

本人参加型ケース会議は継続した方がよい？
終了した方がよい？

（伊東　邦将・冢田三枝子）

本人参加型ケース会議が開けた！

　事前の打ち合わせをし，子どもと関係性を築き工夫をしながら子どもの気持ちを汲み取り，参加者や場の調整を済ませ，やっと本人参加型ケース会議が実現したときには，参加者，特にディレクターを担った人は，ほっとすることでしょう。子どもがいい表情を見せたら，ほっとするだけでなく，とてもうれしい気持ちになるものです。そうなると，次は…と思いがちですが，一度立ち止まって，開催できた本人参加型ケース会議を振り返ることを大切にしてほしいと思います。

継続する必要は？

　一度始まったからといって必ずしも定期的に開催する必要はありません。「やらなければいけない」と本人や参加者が思い込んでしまうと，義務感が生じてしまい，前向きな気持ちで参加することが難しくなります。
　次回を約束することで見通しをもち安定する子どももいますので，会議の終了時には「次はどうするか」という話ができるとよいと思います。例えば，「次は，3か月後に予定しましょう。そのときに必要がなければ，無理に開かなくてもいいです」といった具合です。
　継続する頻度は，子どもによって違いますが，ある程度目標達成の評価や支援の成果が感じられる期間は取った方がよいでしょう。

継続の必要性を本人を含め参加者が感じているときは特に問題はありませんが，そこにズレがあるときには慎重に対応していく必要があります。一番避けたいのは，本人の気持ちが置き去りになってしまうことです。

 終了のために

　本人が継続を希望しないときには，一旦終了にします。信頼できる支援者から「みんなに話を聞いてほしいと思ったら教えてね」と伝え，個別に相談する方向へと切り替えていきます。

　子ども自身が会議は有意義であった，あるいは，安心できる時間であったと感じていても，「もう大丈夫」と思い始める時期がきます。そうなっても，そこで終了するのではなく，終了のための会を開くとよいと思います。
　最後に本人の成長ポイントをみんなで確認するとともに，本人が「話を聞いてほしい」と感じたときには再開できることを伝えておきます。子ども自身が改めて自分の成長を感じることは，自己評価を高め，よりよく生きようとする力になると思います。

こんなときどうする？

不登校の子どもにも活用できる？

（伊東　邦将・冢田三枝子）

増加傾向にある不登校

　令和4年度の国立，公立，私立の小・中学校の不登校児童生徒数は約29万9千人でした。令和3年度は約24万5千人でしたので，前年度比で22.1％増加したことになります。文部科学省からは，緊急対策や増加している要因分析に努めることが示されました。

要因

　要因分析といっても，不登校の要因や背景は様々であり，年々変わっているようにも思います。不登校という結果に対して，直接的な原因を要因，間接的な原因を背景と書き分けようと思いましたが，それを明確に分けることにも難しさがあります。

　「どうして学校に来たくないのかな？」と尋ねたとき，「○○がいや」等，はっきりと要因と思しきことを口にする子どももいます。しかし，それが本音なのかどうかがわからない場合もあります。子どもの心の中にある「これ」という要因は1つでなく，複数の要因が絡み合い自分でもどうしたいのかがわからず混乱をしていたり，1つの要因から派生した小さな心配事が大きな背景となったりしていることもあります。何に困っているのか，なぜ外に出向くことが嫌なのか等，保護者との丁寧な連携・情報共有をしながら，子どもの要因を探ることが必要になります。そのようなときにも，本人参加

型ケース会議は有効だと考えます。

⭐ まずは，伝え合う場として

　本人が気持ちを伝えやすいように，支援者が本人のよいところを言語化すること，本人のつぶやきに耳を傾けることから始めるといいと思います。

　その中で，子どもが利用可能な学びの場や支援システムの情報を提供することができます。明確なゴールを決めることを急がず，伝え合う心地よさを子どもが感じていくことが大切だと思います。

　そのため，この本で示してきたステップや事例とは少し方法が異なるかもしれませんが，子どもの気持ちを中心に置き，子ども自らの言葉を大切にすることには変わりありません。

⭐ 考える場として

　不登校の子どもたちの内面はとても複雑です。学校に行かないという選択をするまでに要した時間以上に，考える時間や癒やされる時間が必要だと思います。伝え合うことで，子どもが思考を整理し自己選択・自己決定していけるようになることが大切です。

　支援者は，「この状況を何とかしたい」「どうにかしてあげたい」と考えがちですが，支援者の気持ちは一旦脇に置き，本人のペースで進めることを忘れずにして心がけましょう。

第2章　「本人参加型ケース会議」の始め方

第 3 章

「本人参加型ケース会議」
実践例

子どもが変わる

感情の起伏が激しいAさん

（松元　ゆき）

Aさんについて

　情緒障害通級指導教室（以下，通級）の主な利用目的は，保護者からは「感情のコントロールが難しいこと」「激昂した際の行動調整の難しさ（強い言葉遣いや手が出てしまうこと）」の2つでした。Aさんの強みは根気強さや語彙の豊富さであり，課題は状況を適切に捉えることの難しさや失敗耐性の弱さでした。

　Aさんが「怒ったときの自分は何がどうなっているのかわからなくなってしまう」「困っているときは学校でソワソワ立ち歩いてしまう」などと，困っている気持ちを伝えてきました。本人の気持ちと性格的な強み（根気強さ，語彙の豊富さなど）を生かした指導・支援を考え，低学年版本人参加型ケース会議を行いました。小1のときからAさんのその時々に感じた困っていることへの目標を設定し，Aさんが必要だと感じる支援を選択・実践してきました。

経過①～本人参加型ケース会議に至るまで（小学校1年）～

　入級は小学校1年生でしたが，前述したように，Aさんは語彙力が豊富だったため，自分から困っていることを通級担当者に伝えてきました。「困っているのは，怒ったときの自分。すぐ怒るのをやめたい」と通級担当者と1対1の対話の時間で話したことから，指導当初は〈イライラしたときの気持

ちの温度計〉を使用し，情緒状態とそのときの行動を結びつけました。その結果，情緒の具合とそれに伴って現れる行動の表出についてを関連づけ，思考を整理することができました。また，怒りの感情が抑えきれない場合，どのように気持ちを切り替えるかを通級担当者と話し合い，4つの候補を挙げていました。「①アンガーマネジメントの本を読む　②椅子の隙間に入る　③深呼吸をする　④6秒静かにする」でした。Aさんは2つ目を選択し，「最近自分の中では隙間に入ってじっとしていることで気持ちが切り替わるんだ」と話し，しばらくその方法で対処することにしました（資料1）。

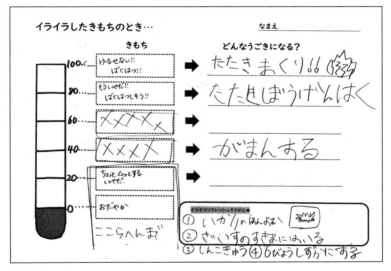

資料1　実際の〈怒りの温度計〉プリント

しばらくすると，「先生，実は…怒りよりも困っていることがある」と伝えてきました。「学校でソワソワしてしまって全然クラスの中に入れない。みんなと一緒の行動ができない。理由もわからないし，今一番自分の中では困っている」とのことから，1年生後半に本人参加型ケース会議を実施することにしました。

経過②～低学年版本人参加型ケース会議の準備～

　指導時間中の対話の時間（以下，あのねタイム）で明らかになった集団行動の難しさについて，「この前のイライラの温度計みたいに，自分の中で原因がわかること，どうすればいいかわかることって必要だと思う？」と確認をしました。「わかるなら知りたい。マジでめっちゃ困っているから」と言うAさんの言葉から「キラキラ学校作戦（低学年版本人参加型ケース会議シート）」を作成しました（資料2）。

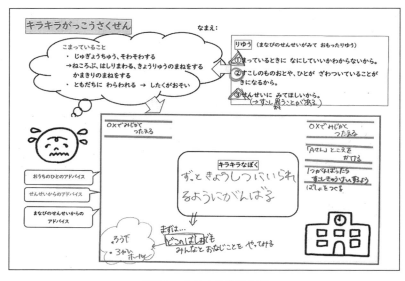

資料2　キラキラ学校作戦

　まずAさんが困っていることを中心に，協働型巡回指導の担当者がクラスの様子からどんなときにどんな行動が見られるのかについて仮説を立てました。それに基づき，みんなと一緒の行動が取れない原因について3つの選択肢を提示しました。「1．待っているときに何していいかわからないから」「2．少しの物音や人がざわついていることが気になるから」「3．先生に見てほしいから」の3つです。Aさんは，「この中だったら，どれも当てはま

るんだけど，2のときが多いかも」と答えました。行動背景を探ると同時に〈あのねタイム〉では，「どんな自分がキラキラなのか？」と理想の姿（目標）について通級担当者とともに整理しました。Aさんは「ずっと教室にいられるように頑張る」と目標を設定しました。その目標を受け，通級担当者は日常的な支援者である保護者と在籍校担任に協力を得ながら，それぞれの場でできる支援方法を付箋にまとめました。

第1回　低学年版本人参加型ケース会議の実施

参加者：Aさん（本人），在籍校担任，通級担当者

保護者並びに協働型巡回指導担当者には，指導後に紙面を使い共有しました。

大まかな流れは，「1．本人の気持ちを話す」「2．本人のいいところ・困っていることを話す（支援者は支援者から見たいいところ・本人が困っているであろうこと）」「3．ほしい支援を本人が選ぶ」「4．支援者からの応援メッセージを話す」の4つ（の流れ）で進めました。

在籍校担任には通級担当者が事前打ち合わせを行い，約束として，「（本人参加型ケース会議内の）それぞれの支援者からの話では，ポジティブな声かけをすること」を確認しました。従来の本人参加型ケース会議では，チャレンジシート（自分で振り返ったり，支援者が評価したりする用紙）を使い，指導ごとに自分の目標はどうだったかを見直しますが，Aさんがまだ1年生ということもあり，今回は実施していません。

ただ，本人参加型ケース会議後の感想では，Aさんからは「自分の気持ちを知ってもらえた気がする」と，在籍校担任からは「クラスの中の刺激の多さは，担任の配慮以外のこともあるため，本人に合う学習環境として廊下側の席にしたり，時には廊下に席を設置したりすることなど具体的なことまで考えられた」という反省をもらいました。

第1回　本人参加型ケース会議実施後のＡさんの行動変容

　通級では，不適切な言動が見られず，適切に課題を遂行している様子が見られたため，協働型巡回指導中で見られた姿や在籍校担任の話から出てきた内容，Ａさんがあのねタイム内で伝えてきたことです。

　本人参加型ケース会議内でＡさんが望んだ支援は，「端的に自分の行動が全体の行動に沿っているのか教えてほしいこと」「刺激の少ない席で授業に参加したいこと（できれば）」の２点であったため，すぐに在籍校担任が配慮し，支援しました。結果，Ａさんの目標は完全に達成とはいかなかったものの，座学の授業に参加することが自他ともに認めるほど増えました。Ａさん曰く，「達成はできなかったけど，目標を立てられるこの会議は自分にとって大切。来年度もやりたい」とのことでした。指導内で，Ａさん本人に今年度伸びたこと（事前に在籍校担任と通級担当者とで確認した内容）について客観的に話して，１年生の指導を終えました。

 ## 第2回　低学年版本人参加型ケース会議の準備（小学校2年）

　協働型巡回指導担当者は替わらなかったものの，通級担当者が替わったため，すぐに本人参加型ケース会議は開催せず，２回目の本人参加型ケース会議は９月に実施しました。前年度からＡさんが本人参加型ケース会議のよさを知っていたことで，「先生，また困ったことがある。イライラしたときの自分を抑えられない」という言葉からスタートしました。

　１年生のときと異なり，Ａさん自身が本人参加型ケース会議に見通しをもっていたため，中学年で使用していた本人参加型ケース会議のシートを用いて準備しました。

　自分の好きなものは「ゲーム・スポーツ・自然…」などたくさん挙がりました。苦手なことでは，「けんか・ちょっかいを出されること・人と話をすること・何をしたらよいかわからない時間（前年度に出た行動背景より本人

が抜粋）・気持ちの切り替え・特に怒りの感情になったときに悪い言葉をつい言ってしまうこと」の６つが出ました。そこからＡさんが頑張りたいことは「１．気持ちの切り替え」「２．悪い言葉を言わないようにする」の２つでしたが、「気持ちの切り替えを特に頑張って取り組みたい」とのＡさんからの話から、気持ちの切り替えのみを１年の目標として立てました（資料３）。

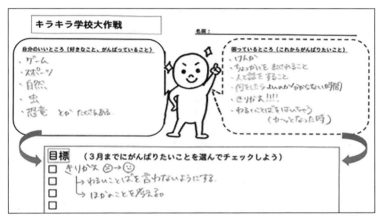

資料３　本人参加型ケース会議準備用紙

第２回　低学年版本人参加型ケース会議の実施

参加者：Ａさん（本人），通級担当者

　第２回目の会議では，Ａさんと通級担当者しか参加しなかったため，自分のためのまなびプランを見ながら，改めて本人と目標の確認をし，本人が気持ちを切り替えるためにできそうな対処方法について考えました。他の支援者（保護者・在籍校担任）には紙面を用いながら，情報共有を行いました。Ａさんが「学校では，気持ちの切り替えができている気がするんだけど，家族に対してすごく切り替えができなくなってしまう」と伝えたことから，保護者に振り返りシートの協力をお願いしました（資料４）。

第２回　本人参加型ケース会議実施後のＡさんの行動変容

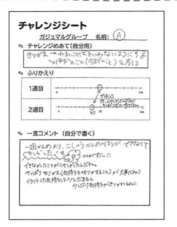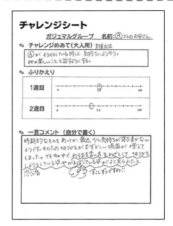

資料４　チャレンジシート　左：Ａさん　右：保護者

　資料４のようにチャレンジシートを通して，目標に対し，どのように自分の行動が変容したのかを振り返りました。月に２回の指導グループにＡさんが所属していたこともあり，１週間ごとに数直線上で振り返りを行えるシートを採用しています。目標である気持ちの切り替えを通級担当者とともに考えた切り替え方法で実践し，意識できたかどうかを一言コメント欄に記入しました。特にＡさんは自分の考えを言葉で表現することに長けており，自分の気持ちを正直に伝えることが上手であったため，一言コメントでは，「昨日一昨日とできなかったけど，家族から『頑張っているよ』と言われた。イライラがすごいときにはパニックになって，涙が出た。時間はかかったけれど，気持ちの切り替えができたと思う」や「１週目より２週目の方ができなかったことが悔しい。悪い言葉を使ってしまっても少しだけ自分が静かにできれば気持ちが切り替わることに気づいた」（原文のまま）など振り返っていました。チャレンジシートで何度も振り返り，通級担当者と気持ちの切り替えに関する作戦を立てることで，Ａさんが「先生（通級担当者のこと），なんか自分の考えがわかってきた」と話すこともありました（資料５）。

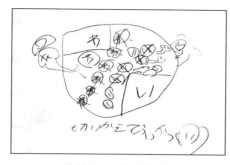

資料5　自分の頭の中

Aさんが「イライラしたときには悪い自分が出てしまって良い自分と悪い自分が戦っている。気持ちの切り替えができると『ごめんね』とすぐ言える良い自分になれる」と図を描きながら通級担当者に伝えるなど、少しずつ自分を理解する言動が増えました。

　最終指導日に取った、自分アンケートの結果では、「1年生のときは気持ちの切り替えが難しかったけれど、今は窓の外を見たり、『やばい』と思ったときには黙ったりして工夫をしたらできるようになった。自分はやればできる！と思えた」と通級担当者に伝え、数値もすべての項目で上がっていました（資料6）。
　Aさんにとって本人参加型ケース会議は「自分に自信をもつことができる」有効なものでした。

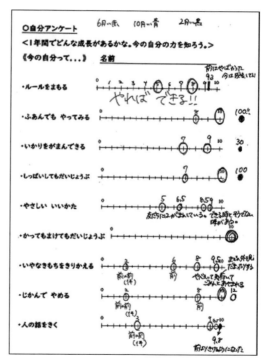

資料6　自分アンケート

第3章　「本人参加型ケース会議」実践例　　111

子どもが変わる

集団行動が難しいBさん

(伊東　邦将)

　Bさんは，入学時から集団行動が難しく，不適切行動（暴力，暴言，器物破損，教室で過ごすことができない等）が多発していましたが，3年生の6月に本人参加型ケース会議を始め，4年生のスタート時には教室で落ち着いて過ごすことができるようになりました。

 Bさんについて

　幼稚園の年長のときから「みんなと同じこと」をするのが苦手でした。1，2年時は自分の行動を注意してくる友達や先生に対して攻撃をする姿が頻回に見られました。物を投げてケガをさせる，自分のやりたいことができないと怒って大声を出して泣き叫ぶ，物を壊す，やりたくないことはせずに教室を飛び出す，勝手に体育館で遊ぶなど，毎日何かが起きているような状態でした。周りの子もそんなBさんの様子を見て「怖い」と思うようになり，自然と距離を置くようになっていきました。それがまたBさんにとっては辛く，それを解消するための手段が不適切行動という負のループに陥っている状態でした。

　2年生の途中から児童支援専任や養護教諭，校長等と別室で過ごす日が増え，後半はほとんど教室にはいませんでした。一緒に折り紙をしたり，タブレット端末で遊んだり，本を読んだり，時々読み聞かせをしたり，体育館が空いているときには一緒に遊んだりしていました。

　保護者とはそんな様子について細かに共有しており，保護者自身もBさん

の学校での行動について困っていました。一方で，好きなことや自信をもっていることなどには集中して取り組むことができました。また，周りの友達がやることに興味があり，「本当はやりたい」という気持ちが垣間見える場面がありましたが，心と行動のバランスを取ることが難しく参加できないというようなお子さんでした。

経過～本人参加型ケース会議に至るまで～

　校内で会議実施について検討し，保護者と職員が同じスタンスでBさんを支えていくために，まずは第0回として保護者のみ参加してもらう機会を設けました。Bさんが何を助けてほしいのか，何を頑張りたいと思っているのかを聞きながら進めていくという会議の趣旨を各参加者が共有できました。

　そして，Bさんに話をもちかける役割は母親になりました。はじめはそんなに乗り気じゃなくても，とにかく「やる」方向にもっていけるように慎重に検討しました。

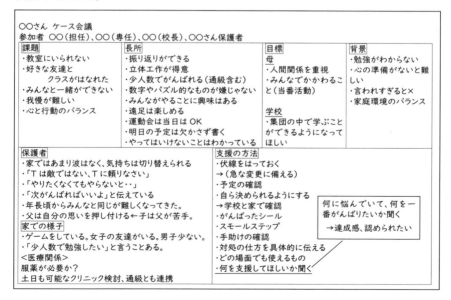

当日の参加者（校長，担任，児童支援専任，母親，本人）についても母親から伝えてもらい，了承を得ました。基本的に日頃からよい関係を築くことができているメンバーになっています。

第1回　本人参加型ケース会議

　0回目を経て，6月に第1回目を実施しました。Bさんの「いいところ」「こまっていること」「もくひょう」の順番で参加者（Bさん含む）が順番に発言していくように進めていきました。

　「いいところ」については，Bさんからはなかなか出なかったので，代わりに他の人ができるだけたくさん挙げ，Bさんの強みについて一緒に確認しました。「認めてもらえた」という経験を積み重ね，自己肯定感を高めていくことも会議の趣旨の1つとなっているため，ここぞとばかりにたくさん挙げました。

　「こまっていること」については，逆にBさんからたくさん出ました。「〇年生におまえと言われる」「タブレットを使える時間が少ない」「うるさいのが嫌だ」「別室を自由に使えない」「ほとんどがやりたくない勉強」などが挙がりました。ここではBさんの困り感なので，Bさんからの意見のみを吸い上げました。

　それを踏まえて，「もくひょう」について保護者，先生，Bさんそれぞれから，どうなりたいか，どうなってほしいかなどを挙げてもらいました（次頁資料参照）。「怒らないで，穏やかに」という保護者の切実な思いもあれば，Bさんは「早くプールに入りたい」「給食当番で重いものは持ちたくない」「自由の身になりたい」などを挙げていました。

　そんな保護者や先生，Bさんの思いを踏まえて，今回の会議の落としどころは，図工の授業を中心に教室で過ごす，ということになりました。前日までに担任と一緒に時間割を確認し，ON（授業に参加する）とOFF（参加せず別室で過ごす）を自分で決められるようにして計画を立てることになりま

した。

①いいところ	②こまっていること	③もくひょう
・がんばった自分がわかる ・正直者 ・作るのがとくい！ ・先生に聞いて行動する ・やさしい ・きょうみのあることにくわしい ・自分でしらべられる ・運動がとくい ・アイデアをたくさん出す ・やくそくを守る ・分けるのがとくい	・年上の女子に「おまえ」と言われる ・タブレットを使う時間が少ない ・うるさいのがいやだ ・学習室を自由に使えない ・ほとんど勉強したくないこと （図工はすき、毎日図工がいい）	・パソコンでゲームをつくる ・教室にいてほしい ・給食は毎日少しでも食べてほしい ・おこらないで、心おだやかにすごしてほしい ・自由の身になりたい ・給食当番をしてほしい（大きなおかずとごはんは嫌だ） ・プールに早く入りたい ・勉強と遊びの時間を区別する ・がまんする力がついたらいい ・みんなでやれることをやってほしい

○○さんのためのかいぎ
さんかしゃ　○○先生、○○先生、校長先生、○○さん、○○さんのお母さん

④もくひょうをたっせいするために

・少ない人数だといいな
・前の日に計画をたてる（担任の先生、お母さん）
・へんこうするときは担任の先生と相談
・お母さんのリクエスト→がんばったことを教えてほしい！

ONとOFFの計画をたてる

 ## 第2回　本人参加型ケース会議

　およそ1か月後に第2回を実施しました。前回の終わりに確認したONとOFF作戦を実施した振り返りを中心にしましたが、Bさんの頑張りが大きかったこともあり、1か月ずっと様子を見てきた先生や保護者からたくさん意見が挙がりました。Bさんはまだ自分で自分の頑張りを言うことは恥ずかしかったのかもしれませんが、みんなによかったことをたくさん挙げてもらって、うれしそうに笑みがこぼれていました。

　行動面だけではなく、内面の成長についてもたくさん挙げました。1か月という短い期間でも、これまでのBさんの様子とは大きく変化していっているのがわかりました。

　そうすると、「こまったこと」の内容が、ONにすると言ったのにできなかった、クラスの友達に挨拶ができなかったなど、前回と質が変わってきま

した。頑張りたい，という気持ちがより大きくなっていることを感じます。

　また，友達とトラブルになったときに言葉で説明できるようになった，という点を挙げたことに対して，保護者（母）がうれしいと言っていたことを会議の中で取り上げました。自分の行動で誰かがうれしい気持ちになることを知ってほしかったためです。

　次回までの目標は，図工は立体の制作だけ参加する，参加する時間を自分で決める，挨拶は朝早く来て黒板に書いておく，などを設定しました。

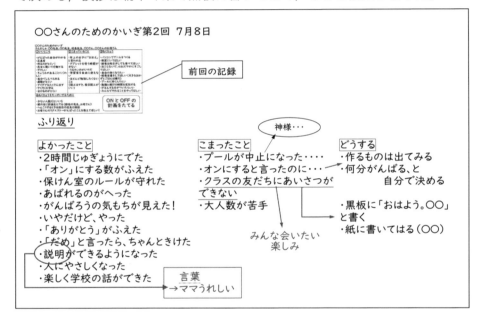

第3回　本人参加型ケース会議

　第3回は前期終了後の10月に行いました。期間が空いたのはBさんの様子にかなり変化があったためです。夏休み明け，教室で過ごすことが増え，トラブルも減ってきていました。それもあって，今回は参加者全員でよかったところを中心に挙げていくことにしました。今のこの状態であれば，できて

いないところを振り返るよりも，できていることをよりたくさん挙げて，自信をつけていく方が大切だと思ったからです。

　Bさんは「頑張っている」という自覚があるからか，恥ずかしがらずに話す姿が見られました。振り返りとしては，給食を毎日教室で食べた，嫌いな牛乳の片づけを自分でしたなどのほか，教室で1日過ごせた，ONにした時間はちゃんと出ている，給食当番をちゃんとやったというものもありました。また，気持ちの切り替えが上手になってきた，話の仕方が上手になった，友達とトラブルになったときに許せたなど，内面の変化についても，担任が話してくれていました。

　自分で決めたことができて，それを認められる機会があることは，Bさんにとってとても有意義なのではないかと，前回よりも饒舌になっていることから感じます。

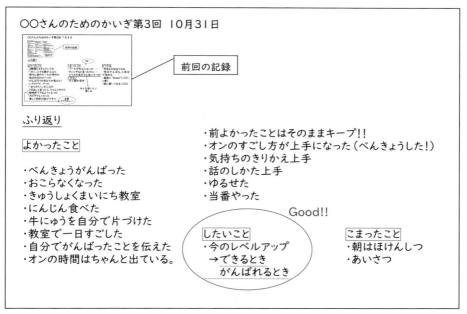

　この調子で，引き続き本人のペースで過ごしてほしいということで，次回までの目標は「今できていることのレベルアップはしていく。ただし，でき

るとき，頑張れるときでいい」ということにしました。最後に「こまったこと」として挙がったのは，朝は保健室に登校しているため，教室でみんなに挨拶ができていないこと，でした。

第4回　本人参加型ケース会議

　第4回は年明けの2月に行いました。今回も，前回と同様によかったことを振り返る時間として設定しました。この日の会議は今の学年で最後ということもあって，これまでと違う雰囲気でした。よかった点を挙げている先生，保護者，Ｂさんの顔がこれまで以上に柔らかく，安心しているような印象を受けました。そんな中で出てきた「よかったこと」は，以前の様子からは考えられないようなものばかりでした。

　最後に，どんな4年生になりたいかを聞いたとき，「みんなと同じように生活ができるようになりたい」とＢさんが言ったことで，その場にいた大人はそれまでのＢさんの様子を振り返り，涙を流しました。

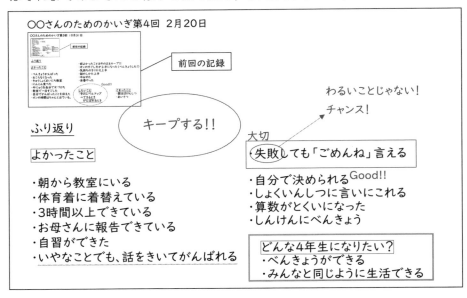

第5回　本人参加型ケース会議

　年度が替わって，夏休みに入ってすぐの7月末に第5回を行いました。この回を実施するのは，有言実行できているBさんを認めるためです。保護者だけではなく，これまで関わってきた先生が自分を認めて見守ってくれていると感じてもらうためです。時間は短く，20分くらいでしたが，とても心に残る時間でした。

○○さんのためのかいぎ第5回　7月27日

よかったこと
・わからないことを自分から聞ける
　　　　→教室で!!
・給食当番でかっこいいすがた
・集中してがんばっている背中がかっこいい
・テスト毎日見せてくれる!!
・漢字もがんばっている

・友だちとなかよくすごせる
　　　　　　　　　　Good!!
　　やさしくたよる!!
・すもうで先生と遊んでくれる
・えがおが増えた!!

目標達成!!　100点満点!!

　その後は，すっかり別室は使わなくなり，教室で友達や先生と落ち着いて過ごしています。私との関わりはその後も続いていて，校内で会うと普通に話をするし，休み時間に一緒に遊んだりもしていました。別室で過ごしていた当時のことを思い出すと，子どもの成長には本当に驚かされます。

　自分のことを真剣に考えてくれる，自分の気持ちをわかってくれる，困ったときに助けてくれる人がいる安心感は，Bさんにとってはとても大きいものなのだなと強く感じます。

子どもが変わる

教室で静かに困っているCさん

（松元　ゆき）

　Cさんは，困っていることを周りに伝えられず，一見適応しているように見える児童です。1年生のときには，不適応行動が見られず学級内では困っていることを見過ごされがちでしたが，2年生になると些細なことをきっかけに在籍学級へ行く頻度が減ったため，本人参加型ケース会議を開催するに至りました。

 Cさんについて

　Cさんは小学校1年生から情緒障害通級指導教室（以下，通級）を利用しています。幼少期に「癇癪が酷い」「3歳まで言葉が出なかった」という相談が保護者から地域療育センターにあり，通園療育を利用していた児童です。

　小学校入学とともに「自分から助けを求められるようにすること」と「他者との関わりの基礎を身につけること」の主な2つの目的で，通級の利用を始めました。通級指導開始に伴う初回面談では，Cさんの知識量の豊富さや，大人との関わりを好む傾向，新奇場面への抵抗感，相手からのちょっとした言葉で深く傷ついてしまう様子が見られました。在籍校では，担任をはじめとする大人が丁寧に学校生活上のルールや授業内容を教えてくれることもあり，一見困っている様子もなく生活していました。一方で，友達から話しかけられないと会話をすることが難しく，休み時間は校長室に行ったり，1人で学校探検をしたりするなど，友達と関わらずに過ごすことが多かったです。

経過①〜本人参加型ケース会議に至るまで〜

　小1のときのCさんは，前述の通り，大人との関係を好み，自分の知っている知識や興味のあることを伝えることが大好きな児童でした。小学校低学年であっても，自分のことをよく分析し，物事の背景を支援者とともに考えることができるところがCさんの強みでした。

　入級当初は，「勝っても負けても怒らない自分になりたい。自分は勝負することは好きだけど，負けると，もう1回やりたい気持ちが芽生えるのに時間がかかるから」と伝えていました（資料1）。

　1年間の指導の中で，勝敗活動を多く取り入れ，活動に取り組む前に「負けて悔しい気持ちをどう消化するか」を事前に確認し，勝ち負けの数を多く経験してきました。その結果，負けた際（気持ちがへこむとき）には，「まあ，こういうときもあるか」と気持ちを立て直す姿が指導開始時に比べ増えました。小1のときは，「友達に話しかけたり，困っていることを（在籍校担任や保護者へ）相談したりすることは，恥ずかしいけれど，勝っても負けても平気になった」と振り返りをし，「自分は目標を立てて，頑張ることが向いているのかもしれ

資料1　自分を知るプリント

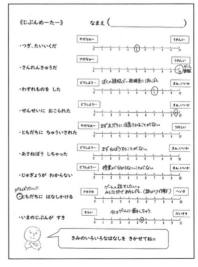

資料2　気持ちを振り返るプリント

ない」と発言していました。そして、「2年生になったら，『友達に話しかけること』を頑張りたい。みんな外に遊びに行っていて，楽しそうだから。僕もゲームの話をして，中休みは過ごせるようになりたい」と，進級への希望を笑顔で話していました（資料2，3）。

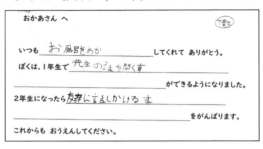

資料3　お母さんへ進級への希望を添えての手紙

経過②〜低学年版本人参加型ケース会議の準備〜

　2年生に上がり，4月，5月と，在籍校でも通級でも元気に過ごす様子が見られていましたが，人と関わる上での難しさに直面した時期でもありました。「どうしてこの人は僕の言っていることを否定してくるのだろう」「なんでそんな言われ方をしなくてはいけないのか」「僕はルールを守っているのに，どうしてちくちく相手から言われなきゃいけないんだろう」と語るCさんへ「本人参加型ケース会議を場合によってはできるけど，やってみる？」と声をかけました。Cさんははじめ「どういうものかわからないから…」と不安を示しましたが，「周りの大人と一緒に，どうすれば友達とうまくつきあっていけるか考える会だよ」と伝えると，「まず，困ったことを周りの大人に伝えられるようになることから始めたい」と本人が意欲を見せ，本人参加型ケース会議を開始する運びになりました。

　実施が決定したことから，まず，選択肢で示した〈自分の中のできる・むずかしいチェック〉（資料4）を色分けしてつけることにしました。実施目

的は,「自分の強みや課題を整理すること」「自分の中で達成したい目標の優先順位を立てること」の2つです。資料4からわかるように,Cさんは1年生時に比べ,自信を失っている様子が見られました。

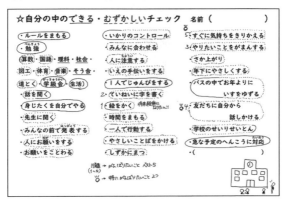

資料4　自分の中のできる・むずかしいチェック

「ルールを守ること,身の回りのことを自分でやることはできるけれど,友達に話しかけたり,すぐに気持ちを切り替えたりすることは相変わらず苦手。2年生の間に何かしらできるようになりたいな～」とできあがったシートを見て,つぶやいていました。

第1回　低学年版本人参加型ケース会議の実施

参加者：本人,通級担当者

　自分の強みや課題を整理した後,Cさんと一緒に「ぴかぴかさくら大作戦シート」(資料5)を記入しました。いいところがたくさんあることを振り返りながら,目標を確認しました。今回の目標は「自分の気持ちを相手(友達や在籍校の担任)に伝えられるようになる」というものです。目標は,「日常から担任の先生には伝えているけど,完璧に伝えているわけじゃないから,気持ちの切り替えの前にまずそこから頑張りたい」という本人の気持ちを尊重して設定しました。このとき,「自分なりに達成できてきたと思っ

たら，目標は変更しよう。本人参加型ケース会議は１回で終わることじゃないから，開きたいときに開こう」と伝えました。

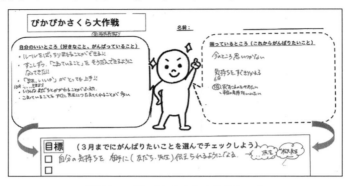

資料5　ぴかぴかさくら大作戦シート

本人参加型ケース会議実施後のＣさんの行動変容

　実施した内容は，保護者へは通級指導の後，担任へは協働型巡回指導の際に，本人とのやりとりや実際使用したシートを見せながら情報共有を図りました。次に，担任へはチャレンジシートを渡し，実際相談しにきたときには印をつけてもらい，通級指導日前日に本人へ渡してもらうよう依頼しました。本人へ直接渡す理由は，担任からの肯定的な評価を実際に目にすることで，目標に取り組み，着実にできているという達成感と自信につながるからです。このチャレンジシートのやりとりは何度も続きました。

　徐々に，「担任の先生に自分の気持ちをなんでも話せるようになった。どうしたらいいかいつも一緒に考えてくれることがうれしい」と言うようになり，変化を実感しているようでした。担任からは，「嫌なことがあったときは，頻繁に相談しにくるようになりました。そして何よりも，友達関係が広がったのか，中休みも周りの友達と一緒に過ごす様子が増えたと思います。帰り道も友達から『一緒に帰ろう』と誘われると，『いいよ』と答え一緒に帰っているようです」と聞きました。また，保護者からも「友達と放課後遊

びに行く頻度が増えて，驚いています」という声もあり，本人のプラスの変容は一目瞭然でした。その事実を踏まえ，本人が達成したかった目標「自分の気持ちを相手（友達や担任）に伝えられるようになる」が十分に達成できたことをＣさんと確認しました。

一方で，担任から「周囲のざわつきが気になったり相手からチクッと言われたりして，気持ちがへこむ頻度が増え，その後学校を休むことが多い」という話を聞きました。保護者からも「『学校が辛い』と足が遠のく頻度が増えています。理由はクラスメイトからチクッと言われるかららしいです」という話を聞きました。

また，Ｃさんから「最近学校に行くのが辛い。友達にチクッと言われることが嫌。気持ちが立ち直らないんだよ。だから今度は気持ちの切り替え面で頑張りたい」という相談があり，目標を変更することにしました。

目標再設定後のＣさんの様子

目標が「気持ちを切り替えること」になり，以前の目標に比べ，抽象的なものに変わったことから，通級指導内では，「１．どんなときに気持ちを切り替える必要があるのか分析する」「２．気持ちの切り替えは，どんな方法が自分に合っているのかいろいろ試す」の２つを行いました。

気持ちの切り替えが必要な背景については，喜怒哀楽の気持ちを数値化させる〈気持ちの温度計〉を使いながら，整理しました。その結果，「自分は正しいと思っていることを相手から指摘されたとき」や「頑張っているのに，自分の頑張りを否定されたとき」などに悲しい気持ちになりやすいことがわかりました。〈気持ちの温度計〉を動かしながら，気持ちを数値で視覚的に伝えていくと，Ｃさんは「やっぱり数字にすると，なるほどと思う。自分ってそうなんだ」と納得しているようでした。

その後，様々な方法を通級で試しました。ペアでの相談活動など相手と言葉でやりとりをする指導内容を設定し，活動前に気持ちを切り替える方法を

選択肢から選びました。Ｃさんは「別室で人と話して気持ちを切り替える」、話し相手がいない場合は「決められた時間で絵を描いて切り替える」を選択することが多かったです。時間で気持ちを切り替えて活動に合流することが増えると、自分に合った気持ちの切り替え方法がわかり始めたようでした。

第２回　低学年版本人参加型ケース会議の実施

参加者：本人，在籍学級担任，通級担当者

「困っていることと，（そのときに）どうしたらいいかについて，担任の先生にも知ってもらいたい」とＣさんが言ったことから，第２回目の会議は，実際に困っていることが起こる在籍校で行うことにしました。担任には，電話で大まかな趣旨を伝え，協働型巡回指導時の中休みに時間設定をしました。

本人の変化を可視化したシート（資料６）をもとに，気持ちを切り替える場所の確保や過ごし方の確認をしました。以前から活用していたチャレンジシート（資料７）の形式を使い，担任にスマイルルームの利用について「どんなときに，どのくらいの時間，使用していたか」について記載するよう依頼しました。現在も取り組んでいます。

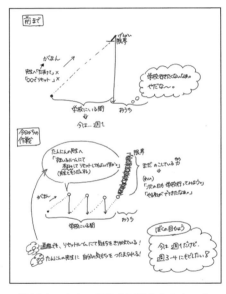

資料６　本人の変化を可視化したシート

本人参加型ケース会議を実施してみて

２回の会議を終え，Ｃさんが「自分にとって気持ちを切り替える部屋は大

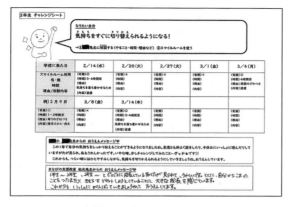

資料7　チャレンジシート

切だった。できることがすごく増えたと感じている。うれしい」と最終指導日に伝えてきました。「これからも気持ちの切り替えは頑張っていきたいし，頑張りすぎずに自分のペースでやっていく大切さを知った。今は学校に週1で行けたり，行けなかったりだけど，これからは自分のペースで復活していきたい」と前向きに自分の未来を語る姿を見て，会議は有効であったと感じています。本人がほしい支援を，信頼できる支援者から受けられたことが成長を促したと感じています（資料8）。

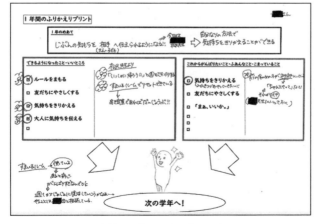

資料8　振り返りプリント

第3章　「本人参加型ケース会議」実践例

保護者が変わる

幼少期から支援を受けてきたDさん

（大山　美香）

　幼少期から療育センター，特別支援学級，コラボ教室，通級指導教室と切れ目のない支援を受けてきたDさんの保護者に，小学校卒業後に本人参加型ケース会議についてインタビューを行いました。

 ## Dさんについて

　Dさんは，知的好奇心，記憶力，論理的思考力等が非常に高く，数に強いなど強みがたくさんあります。一方で，自分の感情のコントロールができなかったり，物の管理が苦手だったり，コミュニケーション等の課題があったりしました。

　指導の方針として，①自分のことを知る②善悪の判断をする③周りを見る④相談するとしました。能力的に高く，たくさんの言葉をフル回転で，いつも一方的に話をしていました。しかし，本当のことを話すことがなかなか難しく，子ども同士の関わりは苦手な大人が大好きな3年生でした。特別支援教室から通常の学級への転籍，コラボ教室，通級指導教室と多様な学びの場において支援を受けてきました。筆者はコラボ教室，通級指導教室の4年間担当者としてともに学び，7回の本人参加型ケース会議を実施しました。2年目からは特別支援教室から通常の学級へ転籍をし，コラボ教室に在籍をしました。新しい取組でもありましたが，本人は，学習道具の使い方，物の管理などの学校での困り感を少しずつ伝えてくれました。4年目になると自己理解が進み，「友達の気持ちがわからない」と話し，自分ものさしの中には

「友達の気持ちを予想する」の項目を入れました。本人参加型ケース会議の回数を重ねていく中で，参加者に保護者は入ってほしくないと自己決定をしたり，自分ものさしを振り返りながら自分の変容を確かめたり，自己理解を深めていきました。

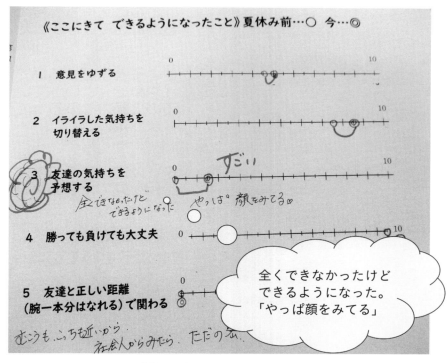

資料1　自分ものさしの振り返り

資料1の自分ものさし「友達の気持ちを予想する」は0から1.5へ変化しました。理由は，「全くできなかったけどできるようになった。やっぱ顔を見てる」と話してくれました。「友達と正しい距離（腕一本分はなれる）で関わる」については，0から変化はなく「向こうもこっちも近いから，社会人から見たら，ただの密」と楽しみながら筆者と振り返りました。

チャレンジめあては，「人の顔を見て気持ちを考える」，アドバイスめあて

第3章　「本人参加型ケース会議」実践例　　129

は、「相談する」と設定し、自分のためのまなびプランに取り組みました。
　次に示すものは、本人と家の人との振り返りです。

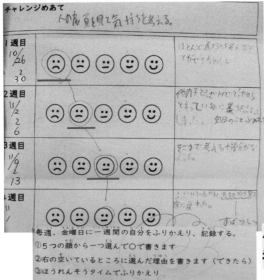

資料2　チャレンジめあて　振り返り本人（5段階評価）

アドバイスめあて(参加型会議後に担当者とまなびプラン作成) 振り返りは母の評価

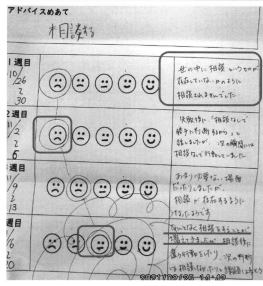

「世の中に、相談というものが存在していないかのように相談されませんでした。」

「なんとなく**相談をすること**が増えてきましたが、相談後に違う行動をしたり、次の判断は相談しなかったりと課題は多そう・・。」

資料3　アドバイスめあて　振り返り保護者（5段階評価）

　本人参加型ケース会議は，本人，担任，児童支援専任教諭，保護者，通級担当者の5人で行いました。最後に母の評価が大きく変わった事実を，本人参加型ケース会議で通級担当者と2人で振り返ったときに「うれしかった」と話していました。大好きなおうちの方によい変化を価値づけされることは，次のステップの意欲にもなると感じた出来事でした。

 保護者のこと

　Dさんの保護者はコラボ教室においても「校長室茶話会」を上手に進行・調整してくれるなど，「人とつながる」ことを大切にしている方です。インタビューの中で，「周囲の人に頭を下げて『ごめんなさい』と謝り続けなく

第3章　「本人参加型ケース会議」実践例

てもよい環境がほしい」「教師や専門家からの『頑張っていますね』の一言や，自分の言動を完璧に否定されない言葉が自己肯定感を保つことになる」と何度もお話しされていたのが印象的でした。本人参加型ケース会議が，保護者の自己肯定感を維持したり，向上させたりするための一助にもなっていたと確認できたインタビューでした。

　ここからは，保護者の言葉を使って，本人参加型ケース会議の取組について述べていきます。

 始まり

　通級から本人参加型ケース会議の提案を受けたとき，期待感というよりも「本人，在籍校の先生，通級の先生，そして保護者が参加する。面白そうだな」と思いました。個別の面談で担任の先生と話す機会はありましたし，通級の先生とも話す時間はありました。しかし，みんなが揃って話をすることはありません。それぞれの先生と子どもはつながっていますし，通級と担任の先生がつながりをもっているのも知っていますが，一堂に会すということが，単純に面白そうだと思いました。今までにそのような経験はないので，つまらないものであればやめればいいし，進めていくのなら意味のあるものにしたいと思いました。

 会議のメリット

　学校の様子や指導の内容，子どもの困っていることなどが会議の主な内容となります。自分の知らないことを知ることができたり，担任の先生とも相談できたりするメリットがありました。子どものことは自分が一番よく知っていると思っていますが，子どもの表情や言葉から自己評価が変化したことを感じられたこともとても大きな成果でした。

子どもが自分の欠点に気がつき言葉にしたとき，周りの先生たちが「よく気づいたね」と言ってくれました。私自身は，「今更気づいたの？　散々言っているでしょ」と思っていましたし，態度にも表れていました。そのため，子どもは叱られると身構えていたと思います。気がついたことが個別の指導計画の「長期目標」として整理されると，「あ～。そんなことだったんだ」と子どもが腑に落ちる瞬間がありました。

　家族だけでは難しい客観的な見方ができ，冷静に本人の弱みを把握できる時間でした。やりとりだけでなく，「自分ものさし」や会議のシートを通し，私が叱っていた行動は本人にとっての困りごとの1つだったとわかり，とても反省したことを覚えています。

　また，通級の先生が上手にハンドリングをして「こう考えたんだよね」「こんなふうに思うんだよね」「こうしたらうまくいくんだよね」などと問いかけをしてくれたことに対し，素直に応じる姿に驚かされたこともありました。

 ## 役割

　本人参加型ケース会議における自分の役割は，日常生活の中では叱ることが多い分，「ほめる」ということだと思いました。準備段階での通級の先生との打ち合わせで，「ほめてください」「できますよ」と何度も言われていましたので，子どものために「ほめなきゃ」という気持ちになっていきました。「演技力向上委員会」と自分で命名し，ほめることに努めました。

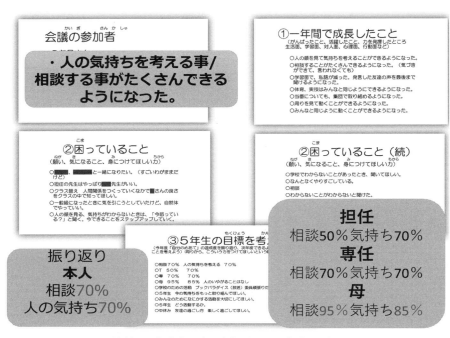

資料4　年度末　本人参加型ケース会議　記録

自分が変わったこと

　演技力が向上しました。おかげで，裏の顔を隠して（負の感情をそのまま出さずに）接することができるようになりました。大きく反省，小さく反省を繰り返し，ほめることもうまくなりました。

　また，なかなか担任の先生にお願いごとができなかったのですが，本人参加型ケース会議で共有したことは要求できるようになりました。担任の先生が通級の先生の話に耳を傾けてくれ，そのことが子どもの成長につながっていく様子を感じられたことも，自身の気づきが広がったことの１つです。

おわりに

　参加する負担感はありませんでした。一度，子どもが「保護者抜き」という自己選択・自己決定をしたことがありました。寂しい気持ちもありましたが，そのときの本人の必要度に合わせて参加者を選択できたことに成長を感じました。参加できなくても，その会議の成り行きに安心感をもって見守ることができました。どうしてかといえば，ディレクターと保護者の信頼関係が素地にあって本人参加型ケース会議は成り立つと感じていたからです。もちろん，参加者と子どもの信頼関係があることが大前提だと思います。

　親に笑顔がなかったら，子どもの言動を理解して適切に対応するなんて無理だと思います。いつも心配しているのですが，だからといって優しくできるわけではありません。親が笑顔になれるつながりを本人参加型ケース会議は与えてくれたと思います。

周囲が変わる

強い不安を言語化することが難しいEさん

（松元　ゆき）

　Eさんは新奇場面への不安が強く，周囲に助けを求めることが難しい児童です。そのため，何かわからないことや不安なことがあると，「助けて」が言えず，パニックに陥ることが多いです。衝動性も高く，不安なときには近くのものを触ったり，一斉指示に従うことが困難になったりします。人と仲良くしたい気持ちが強く，信頼関係ができた相手に対しては融和な姿が見られます。本人の「今の自分は全然好きじゃない。怒りっぽくて，気持ちをすぐに切り替えられない」という発言や在籍校からの要請も含め，他機関も含めた本人参加型ケース会議を行いました。会議を経て，徐々に自分の気持ちを伝えることが上手になった例です。

 ## Eさんについて

　Eさんは小学校3年生から情緒障害通級指導教室（以下，通級）を利用しています。通級につながる前の小学校2年生のときには，在籍校では，集団ルールの曖昧さや活動への見通しのもちづらさから，廊下で大きな声を上げたり，手に持っている磁石を投げたりするなど，度々パニックを起こすことが見られました。専門的な支援を受けることが本人にとって有効であると見立て，相談につながった児童です。

　本人の強みは，「友達と仲良くしたいという気持ちから他者へ積極的に話しかけること」「一度正しく理解すると，すぐに行動へ移せること」「信頼する大人へ自分の気持ちを素直に伝えることができること」です。一方で，

「周囲に援助を求めることが難しく,少しでもわからないと,マイルールで課題を進めること」「不安が強く,慣れるまでに時間がかかったり,衝動性が高くなったりすること」が課題でした。

経過①〜本人参加型ケース会議に至るまで〜

通級を開始すると,少しずつ自分の気持ちを通級担当者に伝えることが増えました。例えば,「ルールはばっちり守っている」と自分のできている面を認めつつも,「でも,自分のことは好きじゃない。永遠に好きになれないと思う」と話すことがありました（資料1）。理由を聞くと,「なんだかわからないけど,とりあえず,そうなの」と答えながら,近くのものを触ったり,立ち上がりうろうろしたりする様子が見られ,心理的不安が高いことが窺えました。その様子を保護者や在籍校に伝え,しばらくは,できたことをほめることを継続しながら見守ることにしました。

資料1　自分アンケート

通級指導と併せて,保護者や在籍校と連携し,本人がパニックに陥りやすいタイミングを分析することを続けました。パニックになりやすいタイミングは,「正しいと思っていたルールと異なっていることを他者から指摘されたとき」「相手が自分の意見を受け入れてくれないとき」「思い描いていた理想と実際の現実の差が大きいとき（特に手先の不器用さや力加減の不安定さが起因しているもの）」「想像力を働かせ,正解がないものをつくりあげると

き」などが挙げられました。通級では起こさないパニックも，在籍校では週に何度か起こすことがありました。Eさんは「あれ（パニック）は頭が真っ白になる。時間を置いて気持ちが落ち着くと，やらなきゃよかったと思う。なんで起こるかわからない」と話すこともありました。通級での手順を視覚的に丁寧に示すことや先々の見通しをナンバリングして示すことが本人の安心につながったと仮定し，在籍校でも取り入れてもらいました。また，保護者には，本人の苦手な科目（書写や国語の感想など）を事前に練習や準備し，Eさんが安心して学校生活を送れるよう支援してもらいました。

　以上のような支援や指導を繰り返し，少しずつパニックになる回数も減っていきましたが，2回目に取った自分アンケートでも「自分が好き」という項目の評価は全く上がりませんでした。

　小4の後期になると，高頻度でパニックを起こすようになりました。その原因として，「後期になり学校行事が増え，ルーティン化されていたものが変化したこと」「不安からの衝動性を周囲の友人がわかってくれず，『Eさん，違うよ！　今それをやる時間じゃないよ』と強く指摘されることが増えたこと」の2つが考えられました。頭では理解しているのに，うまく対処できないもどかしさを感じているようでした。

　以上のような通級側の見立てを在籍校に伝えると，在籍校主催で保護者やスクールソーシャルワーカーとともにケース会議を行うことが決定しました。支援者一同がEさんの成長点を確認することや今後の課題について話すことで，同じ方向を向いて支援や指導をすることが目的でした。会議の中で「本人の気持ちを大切にして子育てをしてきた」「何をするにも本人に選択させたい」という保護者の声から，「本人も一緒に作戦を立ててはどうか」と通級担当者が提案しました。

経過②〜本人参加型ケース会議の準備〜

　支援者のみで行われたケース会議の後の指導時に，通級担当者が本人と1

対1で,「本人参加型ケース会議」とは何か伝えました。「やる」と言うものの若干不安な表情を見せ,衝動性が高まっていく様子が見られたため,保護者にも同等の話をしてもらうよう依頼しました。本人とは,実際に使うプリント(資料2)を確かめ,参加者だけでなく座る位置についても決めていきました。安心できる大人と一緒に開催できること,見通しがもてたことから,不安が減ったようでした。

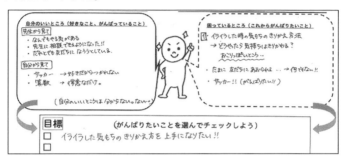

資料2　本人参加型ケース会議　準備シート

第1回　他機関を交えた本人参加型ケース会議

参加者：本人
　　　　支援者…保護者(両親),在籍校(副校長・担任),通級担当者
　　　　記録者…児童支援専任,学年の先生,スクールソーシャルワーカー

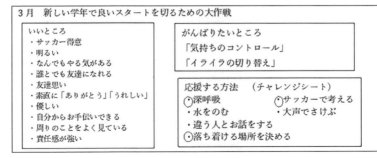

資料3　第1回本人参加型ケース会議　記録シート

当日，本人が決めた参加者は「支援者」として，その他，日常的に関わることがある大人は本人の同意を得て「記録者」として出席しました。当日は，自分のいいところから頑張っていることを確認し合いました。自分の言葉で「頑張っているところは，サッカーです。他には友達をすぐつくれること」など語る姿がありました。また，支援者が「相談することが増えたよね」や「自分から友達に優しく言葉をかけてあげられる姿がかっこいいよね」などとほめると，少し照れたように保護者の方を見る様子が印象的でした。もう少し頑張りたいところでは，「怒りっぽいところを直したい」「気持ちの切り替え方を知りたい。そうしたらもう少し自分のことが好きになれると思う」など前向きな発言をしていました。支援方法についても，資料3にあるように支援者が考えた支援から「深呼吸をする」「落ち着ける場所を決める」「サッカーで（好きなものに置き換えて）考える」の3つを本人が選び，通級担当者が作成したチャレンジシートで，在籍校側と保護者にできたかどうかの評価をしてもらうようにしました。

　周りの支援者が本人の思いを真剣に聞き，Eさんとともに支援の方向性を考えたことで，「どこで気持ちを切り替えるか，実際の場所を見てみないとわからないな。目立つところは嫌なんだよ。かといって，特別教室もな…」と自分の気持ちを素直に表現できました。本人参加型ケース会議後，在籍校の先生方とともに気持ちを切り替えるための場所を決めることができました。

本人参加型ケース会議実施後のEさんの行動変容

　実際に話し合った内容はすぐにチャレンジシートにて日々の学校生活の中で活用されました。在籍校とは，本人参加型ケース会議を行った時期が年度末であったため，新しい支援者（新しい担任等）に引き継ぎを行うことを約束しました。また，本人には新学期が始まり，通級指導が開始する前の期間中もチャレンジシートに取り組むように伝えました。

　チャレンジシートの活用を経て，Eさんの行動として，徐々に気持ちがモ

ヤモヤしたときや不安を強く感じたときの逃げ場を確立するようになりました。逃げ場があることでパニックになる前に気持ちがリセットされることに本人が気づき、定着していきました。

　新学期に入り、新担任と通級担当者に、「みんなと一緒に活動をしたい。だから、はじめに決めた廊下の場所や特別教室は使っていない。教室の中の窪み（梁と梁の間）に隠れると気持ちが落ち着くことが多い」と自分から思いを伝え、気持ちが不安定になったときも教室内の気持ちの切り替え場所（避難場所）で過ごし、気持ちを切り替える姿が増えました。

　一方で、教室内に避難場所をつくったことで周囲の友達から「どうして、そこにいるの？」「授業中だから座らないといけないよ」と言われることも増えました。Ｅさんにとっては大切な避難場所であっても、一見すると授業中に不適切な行動をしているように見えることから、友達からの理解を得ることが難しい状況がありました。Ｅさん自身も周囲からの見え方、状況によっては友達からの質問に上手に答えられないことを気にし始めていたため、第2回本人参加型ケース会議を開催する運びとなりました。

第2回　他機関を交えた本人参加型ケース会議

参加者：本人
　　　　　支援者…保護者（両親）、在籍校（副校長・児童支援専任・担任）、通級担当者2名、スクールソーシャルワーカー、スクールカウンセラー

　第2回目では、第1回目同様の流れで行いました（資料4）。

　成長した点では、「周囲の大人や友達に頼り、自分の困っていることを相談できるようになったこと」や「苦手なことでも挑戦しようとする姿が増えたこと」などが挙げられました。頑張りたいことでは「困ったときには先生に相談して、イライラしたときにも『まあ、いいか』ができるようになりたい」と発言していました。採用された支援策は、「どんなときに強く不安や

怒りを感じるのかについては通級の中で担当と一緒に研究すること（自己理解）」「在籍校の中で気持ちが落ち着かなくなったときには，窪みに入って気持ちを切り替えること。自分の状況について周囲にわかってもらうために，理由が言えないときには『そっとしておいてカード』を掲示して避難すること」の２つでした。そのことを踏まえて，引き続きチャレンジシートを使いながら，支援を継続することになりました。

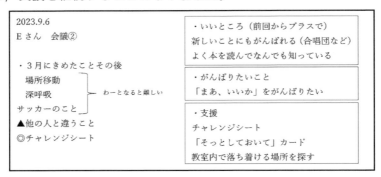

資料４　第２回本人参加型ケース会議　記録シート

本人参加型ケース会議を実施してみて

　約１年間で数回の本人参加型ケース会議の実施，チャレンジシートの継続，支援者が同じ方向を向いた支援をしました。その結果，年明けのチャレンジシート（資料５）でもわかるように，落ち着いて学校生活を送っている評価が多かったです。１月末の自分アンケート（資料６）内の「自分の気持ちの切りかえ方，知っていますか？」の項目では「10段階中の10（知っている）」を選択しています。また，「今の自分がすきですか？」の項目では，これまでは「絶対上がることがない。好きじゃない」と答えていたのに比べ，答えに悩んだ箇所としての記述があります。何度もチャレンジシート内での目標を通級担当者や在籍学級担任と推敲したため，常に自分の目指すべき姿が描かれていることも印象的なケースでした。やってみた感想では，本人参加型

ケース会議開始当初では「できなかった」と答えていることが多かったですが、徐々に「平和でした」や「問題がないっていいね」といった感想が増えました。

Eさんにとって、本人参加型ケース会議を行うことは、周囲の理解者を増やし、本人が生活しやすい環境を周囲の力を借りながら整えていくことだったのかもしれません。自分が変わるだけでなく、「周囲からの見方を変え、味方を増やす」ことができたEさんの本人参加型ケース会議でした。

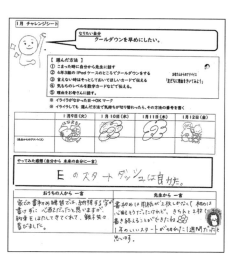

資料5　年明けのチャレンジシート

資料6　1月末の自分アンケート

支援者が変わる

エスケープ，他害行為に走るFさん

（伊東　邦将）

　本人参加型ケース会議を実施していると，普段の学校で見せる姿とは違う姿を見せる子どももいます。様々な背景のもと，イライラしたり不適切な言動になったりしやすいFさんが，会議の中では違う一面を見せてくれました。通級担当者をはじめ在籍校の教職員（担任，児童支援専任等），保護者など，たくさんの大人が関わって会議を進めていくことで，安心したのだと思います。ここでは，そんなFさんの事例を紹介していきます。

 ## 低学年のFさんについて

　1年時から，自分本位な解釈で意見や行動を正当化しようとし，それが通らないと教室をエスケープしたり，他害行為（暴言，暴力，器物損壊等）に走ったりしやすい子どもでした。

　イライラすると自分から校長室に行くことも度々ありました。「どうしたの？」と尋ねても，豊かな語彙を駆使しながら攻撃的な言葉で感情をぶつけてくることが多く，何があったのかを説明するには時間がかかりました。コミック会話のようにシンプルな人間を描き「こんなこと？」「このとき，どう思ったの？」などと丁寧に状況を整理していくと，だんだんと順序立てて話をすることができました。状況の理解にはズレがあるようでしたが，落ち着いてくると「そうかもしれないけれど」と受け入れることもありました。それでも同じようなトラブルは繰り返されていました。

　「Fさんは，どうなりたいの？」と聞いたとき，「かっこよくなりたい」と

答えたことがありました。本人の「かっこよい」の理想はかなり高い様子が窺え，「謝ること」「注意されること」などは「かっこ悪いこと」になっていたと思います。そのため，児童支援専任や校長，養護教諭等と別室で話を聞くうちに，ゆっくりとクールダウンしても"相手に謝る"ことはなかなかできませんでした。また，クールダウンした後に担任が改めて話を聞こうとしても，拒否することが多く素直に話すことが難しい状況でした。

　放課後の居場所でもトラブルはありましたが，自由に遊ぶ場よりも塾などやるべきことに個人で取り組む場の方がトラブルは少ないようでした。

　３年時より通級担当者をはじめ関わる職員が増えたことで，少しずつ学校での生活にも変化が見え始めてきました。

 通級指導教室での指導

　Ｆさんは情緒障害通級指導教室（以下，通級）を３年間利用していました。指導開始時，「怒らないようになりたい。怒りの切り替え方も頑張りたい」と自分の困っている感情を話していました。

　Ｆさんの強みは，落ち着いた感情のときには，自分を分析し素直に自分の気持ちを話せること，そして，周りの声（特に大人からの助言）を受け入れられることでした。一方，課題は，少しの不安や相手から受け入れてもらえなかったと思うことがあると怒り，他害や暴言，逃避に走ることだと見立て，通級指導を行いました。

　協働型巡回指導では，在籍校との連携に努めながら，入り込み指導や取り出し指導を活用し，集団のルールやマナーを伝える支援を中心に行いました。通級指導では，「自分の取扱説明書づくり」をしました。また，『発達障害のある子のためのアンガーマネジメント』（本田恵子編著，大森良平・吉満美加著，明治図書）の内容を参考に，どんなときに怒りを感じるのか，怒ったときの自分は何タイプなのかを分析するなど，自己理解を深めることを行いました。少人数のグループで活動する際は，あえて大人は介入せずに子ども

第３章　「本人参加型ケース会議」実践例　　145

同士がルールを話し合って活動する課題を積極的に取り入れました。本人が怒りを感じやすいであろう場面を意図的に設定し，どのように対応すればよいのかを一緒に考え実践してきました。

通級指導で行ったことが在籍校で生かされ，多くの大人から認められる機会を設けるため，前期・後期に１回ずつ本人参加型ケース会議を行いました。

 ## 本人参加型ケース会議へのアプローチ（通級内）

「自分に自信がもてない。自分が怒りっぽいせいで周りが引いている。どうにかして怒りのコントロールができるようになりたい」と，Ｆさんが自分アンケートの聞き取りをしているときにつぶやいたことをきっかけに，本人参加型ケース会議を提案しました。丁寧に提案した理由を説明すると，「やってみたい。自分には必要。誰を呼んでもいいの？」と意欲的に答える姿が見られました。事前準備として，「自分アンケート（資料１）」や「自分のためのまなびプラン（資料２）」を作成し，自分の分析を行いました。

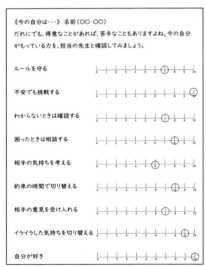

資料１　自分アンケート

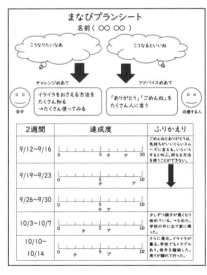

資料２　自分のためのまなびプラン

自分について聞いたときは，「今の自分には自信がない。すぐ怒るし…」と自己否定をする様子が見られました。このときは，通級担当者も在籍校児童支援専任も自分に自信をもってほしいと願うばかりでした。
　実際の学校生活では，相変わらず，怒りを感じたときは，まず廊下に出てから，校舎の外に出る姿が見られていました。

 ## 第1回　本人参加型ケース会議（資料3）

参加者：本人，保護者，在籍校担任，児童支援専任，校長，通級担当者
事前準備：保護者には，本人のいいところや頑張ってほしいことを紙に書いてきてもらうよう依頼。参加予定の在籍校の先生方と話してもらいたい内容の打ち合わせ。

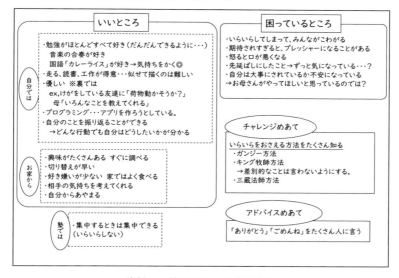

資料3　第1回ケース会議資料

当日は，通級担当者が司会を行いました。Fさんは自分のいいところを「勉強ができるところ，運動ができるところ，読書が好きなところが自分のいいところ」と緊張気味に話しました。その後，保護者や担任から「本当は優しいよね。いつも頼りにしているよ」「気持ちが落ち着いているときには自分のことをたくさん振り返ることができるよね」と伝えられると，うれしそうな表情が見られました。その後，困っていることになると，「イライラしたときにみんなが怖がっている。本当は友達と仲良くしたい」や「期待されることが自分にとってプレッシャーになることがある」，「謝ろうと思っていても先延ばしにしてしまって，謝ることができない。タイミングがよくわからない」など話していました。在籍校側からの支援としては，「安心して謝ることができるよう，時には場所と時間を設定すること」，保護者からの支援は，「『ありがとう』や『ごめんね』などが言えたときには，本人に言葉で伝えること」が約束されました。「担任の先生が教えてくれた，『ガンジー方法（怒りを溜めずに相手にしない。スルーする方法）』が今は自分の中で定着しているから他の方法も探したい」ということから，チャレンジめあて

資料4　チャレンジシート

は，「イライラを抑える方法をたくさん知る」，アドバイスめあては，「『ありがとう』『ごめんね』をたくさん使ってみる」が設定されました。それに基づいて，チャレンジシート（資料4）を活用したやりとりが開始されました。

第2回　本人参加型ケース会議（資料5）

参加者：本人，保護者（両親），在籍校担任，児童支援専任，特別支援教室担当者，通級担当者

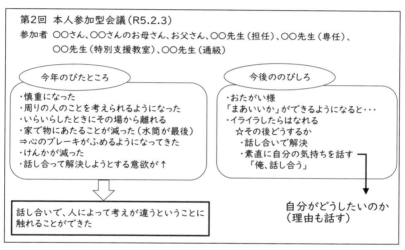

資料5　第2回ケース会議資料

　第1回目の後，目に見えて気持ちの切り替えが早くなりました。特に，同級生とトラブルになったとき，周りの大人にきちんと自分の話をし，思考を整理することが有効だったように思います。思考が整理されると，「相手と話し合わないといけないと思う。先生，話し合いの場を設けてくれませんか」と訴える姿が見られるようになりました。第2回目では，自分に合った方法でその場を切り抜けることができるようになってきたこと，友達にも家族にも素直に自分の気持ちを話す姿が増えたことなどを確認しました。第1回目に比べ柔らかな表情で伝えたいことを話す姿が印象的でした。

第3回　本人参加型ケース会議（資料6）

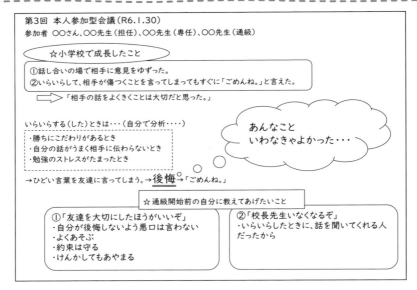

資料6　第3回ケース会議資料

　参加者：本人，在籍校担任，児童支援専任，元通級担当者

　6年生になると在籍校の支援のみで頑張りたいという本人の希望もあり，通級を1年間利用せずに過ごしました。自分の中で上手に感情をコントロールしながら日々の生活を送っている様子がよく見られるようになりました。友達に自分の思いを受け入れてもらえなかったときも，イライラする前に担任と話し気持ちを整理することができました。運動会の練習など，自分が苦手だなと感じる活動では，担任に「〇〇に行って，気持ちを整えてきます」と宣言することもありました。校舎から飛び出すこと，暴言を吐くこと，物に当たることが圧倒的に少なかった1年間でした。

　以上のことを踏まえ，第3回本人参加型ケース会議は，「成長したこと」，卒業するにあたって「過去の自分に言いたいこと」をFさんにインタビューする形で開催しました。

成長したと思うことは，意見を無理やり押し通さなくなったことや，「ごめんね」が言えたことなどが挙がりました。本人の口から，「相手の話を聞くことは大切だと思った」と聞いたときは，これまでのFさんの様子を思い出して泣けてきました。通級開始前の自分に教えてあげたいことは何かを聞いたところ，資料6に書いてあるような答えが返ってきました。当時の自分の言動はよく覚えているか聞いたところ，照れ笑いをしながら「覚えている」と言っていました。自分の行動や気持ちをよく振り返ることができているなと感じるとともに「本音」を聞くことができたと思います。

 本人参加型ケース会議を終えて

　この事例において，一番大きな意義があったと思うのは，いつものクラスの中にいるときとは違うFさんの姿が見られたことでした。今まで見えていなかったFさんの考えや気持ちをじっくり聞くことができたことで，「教室ではわからないけれど，この子はここまで理解できているんだ」と素直に感じることができました。そうなると，普段の学校での行動について，その表面ではなく背景に目を向けやすくなり，その行動の理由をより深く捉えることができるようになりました。表面的な部分だけで判断し，「どうしてこんなことをするんだ！」と思っていたそれまでとは違い，「あれだけ自分の行動をわかっている子なのだから，きっと自分でもとても動揺しているに違いない」と自然に思考を巡らせることができ，より冷静に，落ち着いて対応にあたることができるようになりました。

　Fさんにも，そう感じたことを「もし何かやってしまっても，いろいろとわかっているFさんとして考えるね」と伝えてきました。Fさんからしても「この大人たちは自分のことをわかってくれている」と自然と思うことができるようになり，それが行動の変化につながっていったのだと思います。

　本人参加型ケース会議は，子どもたちと信頼関係を築くことができる場所としても最適だと感じました。

第3章　「本人参加型ケース会議」実践例　151

COLUMN

「適応困難な子どもの個性を伸ばす教育事業（コラボ教室）」は楽しかった！

（冢田三枝子）

コラボ教室の概要

　平成29年，文部科学省の「発達障害に関する教職員等の理解啓発・専門性向上事業」「先導的実践研究加配」，横浜市の「適応困難な子どもの個性を伸ばす教育事業」の３つの事業を担う教室として，コラボ（Co-Labo）教室は立ち上がりました。横浜市の事業としては，当初は「個性」ではなく「才能」という言葉で示されていました。能力としては高いものがあるにもかかわらず，適応が難しいためにその力を発揮できない状況にある子どもたちが対象として選ばれました。そのため，「才能」という言葉が認知面のみに着目されがちであることなどから，認知面のみならず子どものもつ好きなこと，得意なことを含めた「強み」と適応の難しさを併せて「個性」として考え，「個性」を伸ばすという表現になっていったと考えます。

　対象の子どもたち一人一人が自尊感情を高め，自ら心豊かに日常生活に適応し，社会に貢献できる自己の実現を目指すという理念に基づき，通級制の指導を行った３年間の取組でした。

コラボ教室の名前

　子ども一人一人のニーズに応じる（個：Co）ことと，子ども自身が困難と強みを自己理解し，自ら取り組んでいく場（研究室：Labo）を合わせて，Co-Labo教室という名前になりました。ここには，本人，保護者，担当者，専門家等々が協働し，実現化していく（Collaboration）という意味も含まれていました。この名称を子どもたちもとても気に入っていて，「発達障害の

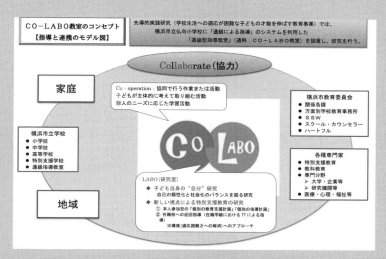

ある子どもたち一人一人が,自分の強みを生かし,社会とつながる姿」をイメージしたロゴマークも好評でした。

コラボ教室の3つの柱と4つの特長

コラボ教室の3本柱として「専門分野」「社会性」「自己理解」を掲げ,指導に取り組みました。それを支える具体的な特長としては,次の4つがあります。アセスメントに力を入れたこと,外部講師との連携を図ったことは,自己理解にも大きく影響をし,本人参加型ケース会議が効果的に機能することにつながりました。

①強みや本人の願いも含む多面的なアセスメントによる個の教育的ニーズを把握すること
②個の強みである専門分野を教育への導入にすること
③子ども自身の願い・思いに応えることを中心に,困っていることや悩みを共有する本人参加型ケース会議を実施すること
④本人を中心に保護者,学級担任,コラボ教室担当者,専門分野の講師等によるコラボレーションをすること

指導形態

　小集団指導や個別指導は，従来の横浜市における情緒障害通級指導教室のノウハウを生かしました。それと併せて，2週に1回の頻度で「巡回型指導」に取り組みました。在籍学級を訪問し，担任とともに教育活動に参加することで，子どもの学級での状況がよくわかり，通級指導がより充実しました。

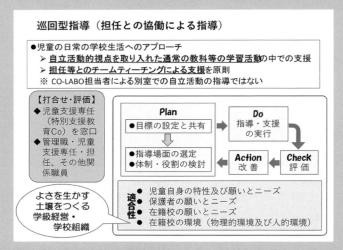

　また，専門分野の特別指導を年間15回，本人参加型ケース会議を年2回実施できるように計画を立てていきました。本人参加型ケース会議は，本人が主体的に個別の指導計画に関わっていくことにもつながり，コラボ教室での学びのめあてが明確に子どものものとなりました。

専門分野の特別指導

　子どものニーズに応じて，多くの専門家の方にご協力をいただきました。特別指導は希望者の参加としました。
　特別指導を受ける中で，自分への気づきが深まり，自分をポジティブに受

け入れられるようになったり，他者との関わりが増えたりしました。

特別指導の一例

分野	授業テーマ	講師
情報	ビスケットで３Ｄ等	開発者・企業関係者
数学	トポロジーで路線図を作ろう	中学校教員
理科	気象に関する実験をしよう	学校支援ネットワーク
図工	体育館いっぱいのバルーンを作ろう	大学教授
家庭	夢のケーキを作ろう	パティシエ

本人参加型ケース会議

　１年間の指導において，スタートと終了時に本人参加型ケース会議を行いました。参加者は，本人・保護者・学級担任・コラボ担当者・在籍校児童支援専任（特別支援教育コーディネーター）の５人を基本とし，本人の意向で調整をしました。会議の前に「全員が発言する」「記録は視覚化し共有する」「他者の意見を否定しない」というルールを必ず確認し，①自分のいいところ②困っていること③自分の取り組みたい目標④目標実現に向けた工夫の４つのステップに沿って話を進めたことも，本人の安心感になったと思います。

コラボ教室の成果

　この取組は，子どもたちの安心感や成長だけでなく，通級担当者のスキルアップ・在籍校の組織力アップにつながったと自負しています。また，巡回指導や本人参加型ケース会議は，通級指導教室の中に広がってきています。
　校長として，よいメンバーと立ち上げから関われた幸運に感謝しています。

【参考文献】
・文部科学省「発達障害に関する通級による指導担当教員等専門性充実事業　実践事例集(3)」
　https://www.mext.go.jp/a_menu/shotou/tokubetu/main/006/h29/1421549_00004.htm
・横浜市教育委員会，2020，2021「適応困難な子どもの個性を伸ばす教育事業報告書」

おわりに

　これからの子どもたちは，予測不可能で不確実・複雑，そして曖昧な「VUCA な時代」の中で，これまでの経験だけでは対応できず常に新しい局面と対決していく必要が出てきます。未来を担う子どもたちが多様性を生かし，力を十分に出していけることを願ってやみません。そのための1つの方略として【本人参加型ケース会議】に取り組んできました。

　2023年 LD 学会自主シンポジウムで，私たちは【本人参加型ケース会議】について取り上げました。たくさんの方が私たちの提案に興味を惹かれ参加してくださいました。参加された方々も，従来の教育の在り方と合わない子どもたちが増えていることを感じ，その子どもたちのもっている力を十分に発揮させるにはどのような取組が必要か模索していたのだと思います。

　シンポジウム終了後，明治図書の佐藤様から取組を本にまとめてはどうかというお話をいただきました。ありがたいことでした。私たちにとって，取り組んできたことをより多くの方に知っていただけるチャンスを得ただけでなく，私たち自身が次のステップに行くために実践を振り返る機会になりました。この場をお借りして，佐藤様に心より感謝申し上げます。

　シンポジウムの助言者であり，実践の時々に適切な助言指導をくださいました S.E.N.S 神奈川支部会長の安藤壽子先生，また，出版にあたりご協力・ご理解をいただいた本人・保護者の皆様にも，心よりお礼申し上げます。

編著者　冢田 三枝子

【編著者紹介】＊刊行時

冢田 三枝子（つかだ　みえこ）
横浜高等教育専門学校副校長
横浜市立小学校，特別支援学校，教育委員会に勤務。元横浜市特別支援教育研究会会長。校長時代は，特別支援教育を中心とした学校経営を実践。日本LD学会会員。特別支援教育士スーパーバイザー。公認心理師。

【著者紹介】＊刊行時

大山 美香（おおやま　みか）
横浜市立さちが丘小学校副校長

伊東 邦将（いとう　くにまさ）
横浜市立仏向小学校主幹教諭

松元 ゆき（まつもと　ゆき）
横浜市立仏向小学校教諭

〔本文イラスト〕木村美穂

苦手さのある子と一緒に考える支援
本人参加型ケース会議の始め方

2024年10月初版第1刷刊	©編著者	冢田 三枝子
	著者	大山 美香
		伊東 邦将
		松元 ゆき
	発行者	藤原 光政
	発行所	明治図書出版株式会社

http://www.meijitosho.co.jp
（企画）佐藤智恵（校正）武藤亜子
〒114-0023　東京都北区滝野川7-46-1
振替00160-5-151318　電話03(5907)6703
ご注文窓口　電話03(5907)6668

＊検印省略　　組版所　中　央　美　版

本書の無断コピーは，著作権・出版権にふれます。ご注意ください。

Printed in Japan　　　　ISBN978-4-18-362878-7
もれなくクーポンがもらえる！読者アンケートはこちらから

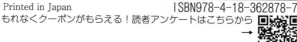

学ぼう、遊ぼう、デジタルクリエーション

iPad×

『iPad×特別支援教育
学ぼう、遊ぼう、
デジタルクリエーション』
海老沢 穣 著
2694・A5判 152頁
定価2,090円(10%税込)

 Distinguished Educator
海老沢 穣

特別支援教育にかかわる先生の実践に役立つ書

相互理解を促し歩み寄るために、自閉症支援のために。

専門的な知見
世界一
やさしく
解説

『自閉症のある子どもへの
言語・コミュニケーションの
指導と支援』 藤野 博 著
2693・四六判 224頁
定価2,266円(10%税込)

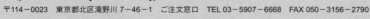

明治図書　携帯・スマートフォンからは **明治図書 ONLINE へ** 書籍の検索、注文ができます。▶▶▶

http://www.meijitosho.co.jp ＊併記4桁の図書番号（英数字）でHP、携帯での検索・注文が簡単に行えます。

〒114-0023　東京都北区滝野川7-46-1　ご注文窓口　TEL 03-5907-6668　FAX 050-3156-2790